別冊 問題

大学入試 全レベル問題集

英語長文

1 基礎レベル

三訂版

大学入試　全レベル問題集　英語長文
レベル1　［三訂版］　別冊（問題編）

目　次

編集部より

問題を解くときには英文音声は必要ありませんが，復習の際にはぜひ音声を利用して英文の通し聞きを繰り返しおこなってください。語彙やイントネーションの定着に，音声を介したインプットは非常に効果的です。

 解答解説は本冊 p.16

次の英文を読んで，あとの問いに答えなさい。

Is there intelligent life on other planets? For [(1)], scientists said "No" or "We do not know." But today, this is changing. Seth Shostak and Alexandra Barnett are astronomers. They believe intelligent life exists somewhere in the universe. They also think we will soon contact these [(2)].

Why do Shostak and Barnett think intelligent life exists on other planets? The first reason is [(3)]. Scientists believe the universe is about 12 billion years old. This is too long, say Shostak and Barnett, for only one planet in the [(4)] universe to have intelligent life. The second reason is [(5)] — the universe is huge. [(6)] such as the Hubble Telescope "have shown that there are at least 100 billion... galaxies," says Shostak. And our galaxy, the Milky Way, has at least 100 billion stars. Some planets that circle these stars might be similar to Earth.

問1 空所 (1)～(6) に入れるのに最も適当な語を，①～⑧から１つずつ選びなさい。ただし，同じものを繰り返し用いてはならない。なお，文頭に来るものも小文字にしてある。

① beings　② entire　③ questions　④ researcher
⑤ size　⑥ time　⑦ tools　⑧ years

(1)　(2)　(3)
(4)　(5)　(6)

問2 以下の記述①～⑤のうち，本文の内容と一致するものを１つ選びなさい。

① 今日，科学者は地球以外の惑星に生物は存在しないと考えている。
② 私たちが知能を持つ生物と接触するのは遠い未来のことだと考えられている。
③ 科学者は宇宙が約 12 億年前から存在すると考えている。
④ 宇宙には少なくとも 1,000 億の銀河が存在することがわかっている。
⑤ 最近，地球に類似した惑星がいくつか存在することが確認された。

 解答解説は本冊 p.24

次の英文を読んで，あとの問いに答えなさい。

Marrying someone from a different culture may force a woman to live in her partner's country. Living in a country outside of her own may be [(A)] in the beginning, but gradually this feeling will be replaced by a strong desire to return home. (1)This homesickness is reduced in some people while increased in others, depending on their personal histories and what their home means to them. Homesickness is so [(B)] for the female *spouse who cannot visit her home, family or friends *for long stretches of time. Also, when the woman leaves her country, (2)she is leaving her position in her society as well. She must consider that the *socioeconomic class she held in her own culture may not transfer over to her spouse's culture. What this means is that she will have to adapt what she believes to be important to her partner's culture and to create bridges of understanding between the two cultures.

＊spouse「配偶者」　for long stretches of time「長い間」
socioeconomic class「社会経済上の階級」

問1 空所(A)に入る語として最も適切なものを①～④の中から1つ選びなさい。

① boring　② exciting　③ painful　④ troublesome

問2 下線部(1)の内容にあてはまらないものを①～④の中から1つ選びなさい。

① If you have a strong affection for your home, you are likely to be homesick.

② Someone who has experienced different environments is not likely to be homesick.

③ The modern society makes it hard for people to notice homesickness.

④ Those with few friends in their partner's country are more likely to be homesick than those with many friends.

問3 空所(B)に入る語として最も適切なものを①～④の中から1つ選びなさい。

① dramatic　② hard　③ important　④ unusual

問4 下線部(2)の例としてあてはまらないものを①～④の中から1つ選びなさい。

① Giving up her job that she has worked for many years

② Throwing away the social status she has been familiar with

③ Passing something she has cherished to her co-workers

④ Cutting close relationships with her community

次の英文を読んで，あとの問いに答えなさい。

There are several cities in the world where bus, commuter train service and subways operate 24 hours a day. Quite a few people in Japan wonder why this (ア) [so / major / cities / not / is / the / in] such as Osaka and Tokyo. Some people (イ) <u>claim</u> 24-hour train service would generally make life easier all around but many people oppose the idea.

Probably the strongest opposition to 24-hour train service comes from the operators of taxi companies. Late at night, taxi fares include a surcharge and (ウ) <u>the passengers tend to want to go much greater distances, which is very good for the profits of the taxi companies.</u>

Another thing working against continuous train service is the fact that Japanese office workers like to drink after work and they like to drink a lot and often. One of the reasons train services stop so early at night is so that office workers will be forced to leave the bars and catch the last train home at night. Then they will be able to get up to go to work the next morning.

(エ) [reasons / people / work-related / some / give] why trains do not run all night in Japan. Some claim that if the trains ran all night, dedicated workers would stay at their desks too late at night or would arrive too early in the morning and start working again.

Whatever the reason, there is a late-night rush hour in Japan as people try to get home so they can join the early-morning rush hour again the next day.

問1 次の①～④の中から本文の内容と一致するものを1つ選びなさい。

① 電車やバスが一晩中走っている都市はない。
② タクシー業界は電車の24時間運行に賛成である。
③ 電車の終夜運行は, 働く者にとって夜遅くまでお酒が飲めるので歓迎されている。
④ 電車が24時間動いていると仕事をしすぎると懸念する人がいる。

問2 (ア)の[ ]内の語を意味の通じるように並べ替えなさい。

問3 下線部(イ)の語の意味に最も近いものを①～④の中から1つ選びなさい。

① decide　② insist　③ wonder　④ complain

問4 下線部(ウ)の意味に最も近いものを①～④の中から1つ選びなさい。

① 乗客はタクシー会社の意図に反して遠い所まで行きたがる。
② タクシー会社は遠くまで行く客を歓迎する。
③ タクシー会社の収益が上がる長距離の利用者が多くなりがちになる。
④ タクシー会社は利益を上げるために遠くまで行く客を敬遠しがちである。

問5 (エ)の［　］内の語を意味の通じるように並べ替えなさい。なお, 文頭に置かれるべき語も小文字で示してある。

---

4 解答時間 15 分 264 words 解答解説は本冊 p.44

次の英文を読んで，あとの問いに答えなさい。なお，文章の冒頭の[1]～[3]はパラグラフの番号を表します。

[1] In Japan, there is a Children's Day. But in America there is no Children's Day. When children ask their parents why there's a Mother's Day and a Father's Day but no Children's Day, a typical response is, <u>"Because every day is Children's Day."</u> That doesn't really satisfy children, of course. They secretly think that every day is Adult's Day since adults seem to be able to pretty much do whatever they want, but children just have to accept this response.

[2] I never felt that every day was Children's Day, but in Japan I do feel that every day is April Fool's Day. And I, unfortunately, am the fool. If I give you an example, you'll see what I mean.

[3] Before my first trip back home, I went to a department store to do some shopping for presents for my family and friends. I found some pretty *ceramic ware for the various people on my list and brought it to the cash register. It was <u>pretty</u> obvious that the bowls and *platters were intended as gifts and the cashier asked me if I'd like to have the presents wrapped. Yes, indeed I would, I told her.

She gave me a quick smile, put the *pottery in a bag and held the bag out to me. Umm ... but I had said I wanted it wrapped, I thought sadly as I walked away. It was not for a few more weeks that I discovered the problem. I had said, "*Ii desu.*" I thought this meant, "That would be nice," but it really meant, "No, don't bother." *Whoops!

＊ceramic ware「陶磁器」　platter「大皿」　pottery「陶器」
Whoops!「しまった！」

問1 In Paragraph 1, which is the best reason why parents in America tell their children, "Because every day is Children's Day"?

① Children are on holiday from parents every day.

② Children can freely go to school every day.

③ Children do anything they want every day.

④ Children get gifts from their parents every day.

問2 In Paragraph 1, according to the author, how do the children react to their parents' answer?

① They accept it because their parents never lie.

② They accept it completely without any problem.

③ They don't accept it and ask for more reasons.

④ They probably don't like it, but accept it.

問3 In Paragraph 3, which of these words is the closest in meaning to "pretty"?

① beautiful

② completely

③ not at all

④ quite

問4 In Paragraph 3, when the cashier asked the author if she wanted her gifts wrapped, the author replied to the cashier, "*Ii desu*". What should she have said instead?

① "*Kekko desu*"

② "*Onegai shimasu*"

③ "*Sayonara*"

④ "*Shitsurei shimashita*"

問5 In Paragraph 2, the author says she is "the fool". Why does she say that?

① She feels she can't use Japanese correctly.

② She hates to shop in a department store.

③ She thinks it's good to be a child forever.

④ She wants April Fool's Day every day.

次の英文を読んで，あとの問いに答えなさい。

We live in a world of color, always surrounded by it. Color gives beauty to our lives — but that isn't the only thing it gives.

(ア)Consider red. As you know, red is the color of fire and blood. It makes us breathe more quickly and makes our hearts beat faster. If people spend a long time in a room that is (イ)completely red, they may become nervous and even aggressive. But red is often seen in bars and casinos because it makes time seem to go faster. It's also the most popular color for restaurants because it makes us hungrier.

Blue, on the other hand, is known as the color of sadness. Think of Picasso's paintings of blind and poor people. But blue also makes us feel peaceful. So, light blue is the best color for bedrooms. One more thing that blue does is improve performance. Students get higher test scores and weightlifters can lift more in blue rooms.

Green tends to relax us because it is the color of nature. TV talk show guests wait in "green rooms" before they appear on TV. And green is a very popular color for hospitals. In America, green has another important meaning — it is the color of money and envy!

Pink, however, may be the most calming color. In one experiment, prisoners were less violent when the jail walls were painted pink. In contrast, yellow would be the worst choice for a prison. Yellow annoys the eyes and makes people want to fight.

So, (ウ)<u>choose</u> your colors carefully — they do more for you than you may realize.

問1 下線部(ア)～(ウ)の意味として最も近いものを①～④の中から１つずつ選びなさい。

(ア) ① take care of　② think of　③ deal with　④ forget

(イ) ① briefly　② carefully　③ freely　④ totally

(ウ) ① paint　② select　③ chase　④ change

(ア) [ ]　(イ) [ ]　(ウ) [ ]

問2 本文の内容に照らし合わせて，(1)～(4)の空所に入る最も適切なものを①～④の中から１つずつ選びなさい。

(1) [　　　] is mentioned as the color of sorrow.

① Blue　② White　③ Yellow　④ Green

(2) [　　　] is the most popular color for restaurants because it makes people hungrier.

① Pink　② Green　③ Blue　④ Red

(3) Yellow is [　　　] for eyes and makes us want to fight.

① calming　② unpleasant　③ relaxing　④ good

(4) Green is considered as a [　　　] color for hospitals.

① false　② strange　③ disagreeable　④ suitable

(1) [ ]　(2) [ ]　(3) [ ]　(4) [ ]

問3 次の①～⑤から，本文の内容と一致するものを２つ選びなさい。

① Prisoners became more aggressive when the prison walls were painted pink.

② People may think that time goes faster in a red room.

③ Black makes us feel relaxed.

④ Blue is known as the color of money and envy in America.

⑤ Students show better results on tests in blue rooms.

次の英文を読んで，あとの問いに答えなさい。

Walking is a great way to get around. For short trips, or just for fun, walking can be better than driving. But in reality, in many cities around the world, walking can be dangerous. People driving cars, trucks, and *motorcycles do not always watch out for pedestrians, and [(1)].

David Hall, a journalist from Australia, wants to do something about this. His book, *Thinking about Our Cities and Towns*, has a simple message: We need to take back our streets and make them better places for walking. 【イ】 In the past, Hall says, [(2)]. Children played there, and people walked to work or to stores. Today, however, most city engineers design streets for vehicles such as cars, trucks, and buses. People stay inside buildings to get away from the crowded *sidewalks, the noisy streets, and the dangerous traffic. Unfortunately, this gives them less contact with their neighbors. 【ロ】

However, nowadays, many cities are working to make their streets safer for pedestrians. 【ハ】 The city of *Rome in Italy only allows cars and buses with special permits to drive on its streets. In New York, in the United States, the Slow Streets Program [(3)] more stop signs to make cars stop, and sets lower speed limits in some areas.

Hall travels around the world, helping people think differently about pedestrians, streets, and neighborhoods. 【ニ】 According to Hall, we should think of streets as our "outdoor living room." In the future, [(4)] may again be safe for people, and walking will be an even better means of transport than it is now.

* motorcycle「オートバイ」　sidewalk「歩道」　Rome「ローマ」

問1 空所 (1) に入れるのに最も適当なものを①～④の中から1つ選びなさい。

① no drivers cause accidents

② pedestrians rarely get wounded

③ recently there have been few accidents

④ sometimes accidents happen

問2 空所 (2) に入れるのに最も適当なものを①～④の中から1つ選びなさい。

① city engineers blocked sidewalks

② people did not use streets

③ streets belonged to everybody

④ vehicles occupied streets

問3 空所 (3) に入れるのに最も適当なものを①～④の中から1つ選びなさい。

① decreases

② ignores

③ installs

④ removes

問4 空所 (4) に入れるのに最も適当なものを①～④の中から１つ選びなさい。

① cars

② living rooms

③ parks

④ streets

問5 次の英文は本文の中のどこに入れたら文意が通るか，最も適当なものを①～④の中から１つ選びなさい。

There are more traffic lights, more bicycle lanes, and more traffic regulations.

①【イ】　②【ロ】　③【ハ】　④【ニ】

問6 本文の内容と一致するものを①～④の中から１つ選びなさい。

① David Hall thinks that we need to make the streets safer places for walking.

② David Hall travels around the world in order to design streets for cars, trucks, and buses.

③ Driving cars, trucks, and motorcycles is safe in many cities because pedestrians are careful.

④ Even with special permits, people are banned from driving cars and buses in the city of Rome.

次の英文を読んで，あとの問いに答えなさい。

If we truly want to achieve world peace, we have to (ア)get rid of weapons of war. And the world is full of weapons — guns, rockets, tanks, landmines. What are landmines? Landmines are special bombs which are buried in the ground. They're designed to explode when a person steps on them. Landmines are one of the cruelest weapons of war. Why? Because they don't discriminate between soldiers and civilians. Their (イ)casualties include men and women, adults and children, young and old. Even after wars end, (ウ)they can remain for days, months and years waiting for innocent victims.

Do you know any landmine victims? I do. My brother-in-law is a landmine survivor. He's an American journalist. Back in the 1960s, he was sent to Asia to report on the Vietnam War. One day, he was walking with a group of American soldiers through the jungle. The soldiers were carrying rifles. He was carrying his camera and notebook. As he was walking, he suddenly stepped on a landmine buried in the ground. Instantly, the landmine exploded, [　(エ)　] pieces of metal up into his body. Normally, he would have died instantly. But, somehow he survived the explosion. The soldiers quickly called for an army helicopter. The helicopter took him to a nearby military hospital. After an emergency (オ)operation, he was taken to Saigon for further medical care. Eventually, he was flown back to New York, where he spent one year in hospital. Thanks to his doctors, he slowly recovered. But even now, 50 years later, he still suffers terrible pain from his injuries. To manage this pain, he swims an hour each day in a swimming pool. He's lucky to be alive!

Hundreds of people around the world have worked to eliminate landmines. Famous celebrities connected to (カ)this movement include Princess Diana of England and pop singer Paul McCartney.

問1 下線部(ア)とほぼ同じ意味を表す単語を本文中から探して答えなさい。

____

問2 下線部(イ)とほぼ同じ意味を表す単語を本文中から探してそのままの形で答えなさい。

____

問3 下線部(ウ)の意味として最も適当なものを①～④の中から1つ選びなさい。

① casualties　② soldiers　③ landmines　④ civilians

問4 空所(エ)に入れるのに最も適当なものを①～④の中から1つ選びなさい。

① send　② sending　③ sent　④ sends

問5 下線部(オ)と最も近い意味で使われているものを①～④の中から1つ選びなさい。

① The store received the operation permit from the city.

② The UN rescue operation started shortly after the earthquake.

③ My father is going to need an operation on his shoulder.

④ The helicopter's engine operation was normal.

問6 下線部(カ)の内容として最も適当なものを①～④の中から１つ選びなさい。

① to remove landmines

② to support landmine victims

③ to achieve world peace

④ to report landmine disaster

問7 本文の内容と一致するものを①～⑥の中から２つ選びなさい。

① The author is a landmine survivor in the Vietnam War.

② Paul McCartney is a singer who has contributed to the efforts for the removal of landmines.

③ The author's brother-in-law was a soldier during the Vietnam War.

④ When a person approaches the landmines buried in the ground, they will explode instantly.

⑤ The author's brother-in-law died after an emergency operation in Saigon.

⑥ The landmine survivor still needs to manage the pain.

問8 本文のタイトルとして最も適当なものを①～④の中から１つ選びなさい。

① A world with no wars

② The threat of landmines

③ A man who supports war survivors

④ A job that involves great risk

8 解答時間 20 分 321 words 解答解説は本冊 p.88

次の英文を読んで，あとの問いに答えなさい。

How do animals live in the desert? They need water, of course. Some animals get it from plants. Others wait under the sand for the rains. When the land is [(1)] again, they go back under the sand. They stay there until the next rain. And some animals, like camels, can go for a long time between one drink of water and the next one. 【イ】

Then there are the changes in temperature, from very hot to very cold. In the day, many animals stay in cool places under rocks or in small holes in the sand. 【ロ】 When the sun goes down, the animals put their heads above the sand and begin to look for food.

The small *jerboa lives in deserts across the world. Jerboas have big eyes and, like many desert animals, they can see very well at night. In the late evening, they come out of their holes and look for food — mostly seeds and plants. Jerboas are very well adapted to life in the desert. Some jerboas do not need to [(2)], because they get water from their food. In the hot summer, some jerboas sleep under the sand for two or three months. Jerboas also live in cold deserts like *the Gobi. Here, they sleep in their holes in the winter and stay away from the snow.【ハ】

Jerboas can move very fast across the sand. They have huge back legs and they can jump up to three meters in one move. They (3)<u>do this</u> when they need to run away from other animals — *fennec foxes, for example. At night, these foxes are also looking for food, and a jerboa is just right for a hungry fennec fox.【ニ】 Like jerboas, fennec foxes are well adapted to the weather in the desert. With its very big ears and white coat, the fennec fox can stay much cooler in the hot sun.

*jerboa「トビネズミ」　the Gobi「ゴビ砂漠」
fennec fox「フェネックギツネ」

問1 空所 (1) に入れるのに最も適当なものを①～④の中から１つ選びなさい。

① bright　② dark　③ dry　④ wet

問2 空所 (2) に入れるのに最も適当なものを①～④の中から１つ選びなさい。

① drink　② eat　③ hunt　④ move

問3 下線部 (3) が指示する内容として最も適当なものを①～④の中から１つ選びなさい。

① have huge back legs
② jump up to three meters
③ run away from other animals
④ sleep in their holes

問4 次の英文は本文の中のどこに入れたら文意が通るか，最も適当なものを①～④の中から１つ選びなさい。

But at night deserts can suddenly come alive.

①【イ】　②【ロ】　③【ハ】　④【ニ】

問5 本文の内容と一致するものを①～④の中から１つ選びなさい。

① 砂漠の動物たちの多くは視力がよくないので, 行動範囲が限られる。

② 砂漠の気温は, 日中と夜間ではあまり変化がない。

③ トビネズミは大きな耳と白い毛を持ち, 暑い夏でも涼しく過ごせる。

④ 日中, 砂漠の動物たちの多くは岩の下や砂に掘った穴の中で過ごしている。

問6 本文のタイトルとして最も適当なものを①～④の中から1つ選びなさい。

① Animals in Danger

② Animals in Deserts

③ The Life of Camels

④ Weather in Deserts

9

解答時間 20 分　342 words　解答解説は本冊 p.98

次の英文を読んで，あとの問いに答えなさい。

Which stores are the most well-known around the world? Most people would probably say American stores such as McDonald's, Starbucks or Subway. But the company with the most stores in the world is Seven & i Holdings, better known as 7-Eleven. This company is not an American company, but a Japanese one. 7-Eleven has a long and interesting history that began in the United States, far from Japan.

The company began in 1927. John Green opened a small shop to sell milk, eggs and bread in front of the Southland Ice Company in Dallas, Texas. Joe Thompson, a worker at that ice company, noticed that Green's shop was more successful than the others nearby. Green used ice from the ice company to keep the food he sold cooler and fresher than stores that had no ice or refrigerators.

Soon Joe Thompson bought John Green's shop and the ice company. He named the new company Southland Corporation. Within a year he had also opened several new stores in the city. In 1928, the name of the stores was changed to attract more customers.

In 1946 the name of the stores was changed again. This time they chose the name 7-Eleven because of the stores' 7 a.m. to 11 p.m. opening hours. These hours were very unusual at that time. The stores were popular, and by 1952 there were about a hundred 7-Eleven stores in America. In 1963 7-Eleven stores began staying open 24 hours a day. In 1969, 7-Eleven opened a store in Calgary, Canada. This was the first store outside of the U.S.A. In 1974, its first store in Asia was opened in Tokyo, and more stores followed in many other countries.

By 1991 7-Eleven was more successful in Japan than in the United States. The Japanese company managing 7-Eleven in Japan then bought the American parent company and later named it Seven & i Holdings. Now there are almost twice as many 7-Eleven stores in Japan as in the United States, but many people still think 7-Eleven is an American company.

問 次の英文①～⑮の中から，本文の内容と一致するものを 5 つ選びなさい。

① McDonald's has more stores worldwide than Seven & i Holdings.

② Seven & i Holdings is owned by an American and has a long history in Japan.

③ John Green and Joe Thompson were managers of the Southland Ice Company.

④ John Green's store was popular because there were no other stores in the area.

⑤ John Green's store had more success than other nearby stores.

⑥ John Green used ice to keep the products he sold cool.

⑦ Joe Thompson took over John Green's store and the Southland Ice Company.

⑧ Joe Thompson kept the name Southland Ice Company for his new company.

⑨ In 1928 Joe Thompson's stores changed their name to increase their business.

⑩ The name of the stores was changed to 7-Eleven to explain what days they were open.

⑪ 7-Eleven stores have always been open all day and night.

⑫ The first 7-Eleven store to be opened outside of the U.S.A. was in Tokyo.

⑬ In 1991 American 7-Eleven stores were the most successful 7-Eleven stores in the world.

⑭ 7-Eleven stores in Japan have always been owned by an American company.

⑮ Japan now has more 7-Eleven stores than the U.S.A.

次の英文を読んで，あとの問いに答えなさい。

Have you ever wondered why some people are successful in business and others are not? Here's a story about one successful businessperson. (ア)<u>He started out washing dishes</u> and today he owns 168 restaurants.

Zubair Kazi was born in Bhatkal, a small town in southwest India. His dream was to be an airplane pilot, and when he was 16 years old, he learned to fly a small plane.

At the age of 23 and with just a little money in his pocket, Mr. Kazi moved to the United States. He hoped to get a job in the airplane industry in California. [(1)], he ended up working for a company that rented cars.

While Mr. Kazi was working at the car rental company, he frequently ate at a nearby KFC restaurant. To save money on food, he decided to get a [(2)] with KFC. For two months, he worked as a cook's assistant. His job was to clean the kitchen. "I didn't like it," Mr. Kazi said, "but I always did the best I could."

One day, Mr. Kazi's two co-workers failed to come to work. That day, Mr. Kazi did the work of all three people in the kitchen. (イ)<u>This</u> really impressed the owners of the restaurant. A few months later, the owners needed a manager for a new restaurant. They gave the job to Mr. Kazi. He worked hard as the manager and soon the restaurant was making a profit.

A few years later, Mr. Kazi heard about a restaurant that was losing money. The restaurant was dirty inside and the food was terrible — *greasy and *undercooked. Mr. Kazi borrowed money from a bank and bought (ウ)<u>the restaurant</u>. For the first six months, Mr. Kazi worked in the restaurant from 8 a.m. to 10 p.m., seven days a week. He and his wife cleaned up the restaurant, remodeled the front of the building, and improved the cooking. They also tried hard to please the customers. If someone had to wait more than ten minutes for their food, Mrs. Kazi gave them a free soda. Before long the restaurant was making a profit.

A year later Mr. Kazi sold his restaurant for a profit. With the money he [(3)], he bought three more restaurants that were losing money. Again, he cleaned them up, improved the food, and retrained the employees. Before long these restaurants were making a profit, too.

Today Mr. Kazi owns 168 restaurants, but he isn't planning to [(4)] there. He's looking for more poorly managed restaurants to buy. "I love it when I go to buy a restaurant and find it's a mess," Mr. Kazi said. "The only way it can go is up."

＊greasy「脂っこい, 油を使いすぎた」　undercooked「加熱が不十分な」

問1 下線部(ア)の内容として最も適切なものを①〜④の中から1つ選びなさい。

① He began to wash dishes quickly

② He started to sort out plates for washing

③ He began his career washing dishes

④ He went to work with washed plates in his hands

問2 空所(1)を満たすものとして最も適切なものを①〜④の中から1つ選びなさい。

① As well　② Instead　③ Of course　④ Therefore

問3 空所(2)を満たすものとして最も適切なものを①〜④の中から1つ選びなさい。

① car　② job　③ license　④ rental

問4 下線部(イ)の内容として最も適切なものを①〜④の中から1つ選びなさい。

① Mr. Kazi's co-workers didn't come to work.

② Mr. Kazi did the work of his two colleagues as well as his own.

③ Mr. Kazi did his own work as usual.

④ Mr. Kazi's co-workers did his work, to say nothing of their own.

問5 下線部(ウ)の内容として最も適切なものを①〜④の中から1つ選びなさい。

① a successful restaurant in Bhatkal

② a KFC restaurant near the car rental company

③ a new restaurant the owners were going to open

④ a restaurant that was operating in the red

問6 空所(3)を満たすものとして最も適切なものを①～④の中から1つ選びなさい。

① earned ② gave away ③ lost again ④ stole

問7 空所(4)を満たすものとして最も適切なものを①～④の中から1つ選びなさい。

① act ② eat ③ go ④ stop

問8 本文の表題として最も適切なものを①～④の中から1つ選びなさい。

① How One Successful Businessperson Did It

② How To Be a KFC Assistant

③ The Best Reasons for Being a Successful Businessperson

④ The Purpose of Business Accounting

問9 本文の内容と一致するものを①～⑦の中から3つ選びなさい。ただし，解答の順序は問わない。

① At the age of 16, Mr. Kazi became a small airplane pilot.

② Mr. Kazi went to the United States with a large fortune at the age of 23.

③ Mr. Kazi didn't like his job at KFC, so he was a slow worker.

④ Mr. Kazi couldn't gain any profit.

⑤ Mr. Kazi and his wife tried hard not to displease their customers.

⑥ Mr. Kazi charged double for soda if customers did not have to wait.

⑦ Mr. Kazi loves it when he buys a restaurant and finds it untidy.

出典一覧：
英文 1：Reading Explorer 1, 1st edition © 2009, Nancy Douglas, Cengage Learning Inc. Reproduced by permission. www.cengage.com/premissions.　英文 2：大妻女子大学　英文 3：目白大学　英文 4：Takes and Mistakes: Twelve Short Tales of Life, language and Culture in Japan and America © 2004, Kate Elwood, NHK出版　英文 5：Reading Expert1 © 2006, Dean Shimpf, Neungyule Education.　英文 6：World English 2, American English, Student Book 3rd Edition © 2009, Kristin L. Johannsen, Rebecca Tarver Chase, Cengage Learning Inc. Reproduced by permission. www.cengage.com/premissions.　英文 7：A world without landmines © February 20, 2015, Kip A. Gates, Japan Times ST　英文 8：Deserts © Janet Hardy-Gould, Oxford University Press UK.　英文 9：九州産業大学　英文 10：Reproduced by permission of Oxford University Press from *Select Readings Pre-Intermediate: Student Book* by Linda Lee, Erik Gundersen © Oxford University Press 2002.

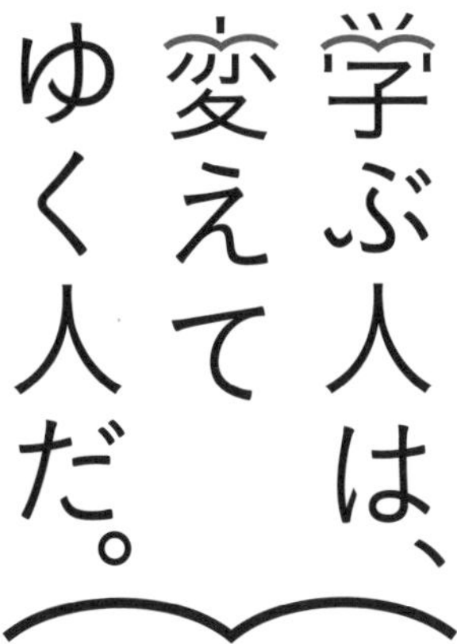

目の前にある問題はもちろん、

人生の問いや、

社会の課題を自ら見つけ、

挑み続けるために、人は学ぶ。

「学び」で、

少しずつ世界は変えてゆける。

いつでも、どこでも、誰でも、

学ぶことができる世の中へ。

旺文社

大学入試 全レベル問題集

英語長文

駿台予備学校講師 三浦淳一 著

1 基礎レベル

三訂版

はじめに

大学受験に向けた英語学習は，書店の学習参考書コーナーに行けばすぐにわかるとおり，とても細分化されています。単語・熟語，文法・語法，構文，英作文，長文読解，リスニング，会話表現，発音・アクセント…

これを1つずつやっていたら，何年かかっても終わりそうにありません。

「一石二鳥」という言葉がありますが，短期間で英語の学習を仕上げるには，いわば「一石五鳥」「一石六鳥」の学習をすることです。つまり，1つの学習で複数の効果を得られるような学習をすべきなのです。

『大学入試 全レベル問題集　英語長文』シリーズは，長文読解の問題集という形をとっていますが，これにとどまらず，語彙力をつけたり，重要な文法事項の確認をしたり，音声を用いた学習により，発音・アクセント，リスニングの力をつけることも目指しています。

本シリーズはレベル別に6段階で構成されており，必ず自分にピッタリ合った1冊があるはずです。また，現時点の実力と志望校のレベルにギャップがあるなら，1～2段階レベルを下げて，英語力を基礎から鍛え直すのもおすすめです。受験生はもちろん，高校1・2年生からスタートすることもできます。

本シリーズは最新の大学入試問題の傾向に対応し，さらに，英語4技能（Reading／Listening／Writing／Speaking）を今後ますます重視する入試制度にも対応しうる，本質的・普遍的な英語力をつけることを目的にしています。

本シリーズを利用して，皆さんが第一志望の大学に合格することはもちろん，その先，一生の武器となる確固たる英語力を身につけてほしいと願っています。

三浦　淳一

目　次

音声について

本書の英文を読み上げた音声を，専用ウェブサイト・スマートフォンアプリで聞くことができます。英文ごとに，2種類の音声を収録しています。全文通し読みの音声と，段落ごとに区切ったややゆっくりめの音声があります。段落ごとに区切った音声は，ディクテーションでご利用ください。🔊 **01** のように示しています。

●ウェブサイトで聞く方法

・以下のサイトにアクセスし，パスワードを入力してください。
　https://service.obunsha.co.jp/tokuten/zlr3/
　※すべて半角英数字。検索エンジンの「検索欄」は不可。
　パスワード：zlr3k

●スマートフォンアプリで聞く方法

・音声をスマートフォンアプリ「英語の友」で聞くことができます。「英語の友」で検索するか，右の二次元コードからアクセスしてください。
・パスワードを求められたら，上と同じパスワードを入力してください。

⚠ご注意ください　◆音声を再生する際の通信料にご注意ください。◆音声は MP3 形式となっています。音声の再生には MP3 を再生できる機器などが別途必要です。デジタルオーディオプレーヤーなどの機器への音声ファイルの転送方法は，各製品の取り扱い説明書などをご覧ください。ご使用機器，音声再生ソフトなどに関する技術的なご質問は，ハードメーカーもしくはソフトメーカーにお問い合わせください。◆スマートフォンやタブレットでは音声をダウンロードできないことがあります。◆本サービスは予告なく終了することがあります。

本シリーズの特長

「大学入試全レベル問題集 英語長文」シリーズには，以下の特長があります。

1．**細かく分かれたレベル設定**
本シリーズはレベル別からなる6冊で構成されており，学習者の皆さんそれぞれがベストな1冊を選んで大学入試対策をスタートできるようにしています。各書がレベルに応じた収録英文数と設問構成になっています。

2．**語彙力を重視**
語彙力は語学学習における基本です。単語がわからなければ英文を読むにも書くにも不自由します。本書ではオールラウンドな語彙力をつけられるよう，幅広いテーマの英文を選びました。各ユニットの最後に，本文の単熟語や英文が復習できる**確認問題**や，音声を利用した単語のディクテーション**問題**を設け，語彙力が増強できるよう工夫しています。

3．**英文構造の明示**
すべての英文の構造を示し（SVOC分析），英文を完全に理解できるようにしました。さらに，本文の和訳例も，あまり意訳をせず，文構造を反映させた直訳に近い日本語にしました。

4．**文法事項のわかりやすい解説**
近年の入試問題では，難関大学を中心に文法問題の出題が減少しており，「**文法問題を解くための文法学習**」は，もはや時代遅れです。本書では「英文を正しく読むための文法」を心がけて解説しています。

5．**設問の的確な解説**
すべての設問に，なるべく短く的確な解説をつけました。特に本文の内容に関する設問は，根拠となる箇所を明示して解説しています。類書と比較しても，わかりやすく論理的な解説にしています。これは，解説を読んで納得してほしいということもありますが，それ以上に，読者の皆さんが自分で問題を解くときにも，このように論理的に考えて，正解を導き出せるようになってほしいからです。

6．**音声による学習**
付属の音声には本書に掲載した**英文の音声が2パターンで収録されています**。主にリスニング力UPを目的としたナチュラルに近いスピードのものは，シャドーイング*1やオーバーラッピング*2用です。また1つ1つの単語の発音がわかるようなややゆっくりしたスピードのものは，ディクテーション問題用です。

＊1　シャドーイング・・・すぐ後から音声を追いかけて、同じ内容を口に出す練習方法
＊2　オーバーラッピング・・・流れてくる音声とぴったり重なるように口に出す練習方法

著者紹介：**三浦淳一**（みうら じゅんいち）

早稲田大学文学部卒。現在，駿台予備学校・医学部受験専門予備校 YMS 講師。『全国大学入試問題正解 英語』（旺文社）解答・解説執筆者。『入門英語長文問題精講［3訂版］』『医学部の英語』『大学入学共通テスト 英語〔リーディング〕集中講義』（以上，旺文社），『世界一覚えやすい中学英語の基本文例100』（以上，KADOKAWA）ほか著書多数。「N 予備校」「学びエイド」などで映像授業も担当する。

〔協力各氏・各社〕

装丁デザイン：ライトパブリシティ
本文デザイン：イイタカデザイン
校　　　正：笠井 喜生（e.editors），山本知子，大塚恭子，Jason A. Chau
録 音・編 集：ユニバ合同会社
ナレーション：Ann Slater, Guy Perryman, Katie Adler
編 集 協 力：株式会社オルタナプロ
編 集 担 当：須永亜希子

志望校レベルと「全レベル問題集 英語長文」シリーズのレベル対応表

＊ 掲載の大学名は本シリーズを購入していただく際の目安です。また，大学名は刊行時のものです。

本書のレベル	各レベルの該当大学
① 基礎レベル	高校基礎～大学受験準備
② 共通テストレベル	共通テストレベル
③ 私大標準レベル	日本大学・東洋大学・駒澤大学・専修大学・京都産業大学・近畿大学・甲南大学・龍谷大学・札幌大学・亜細亜大学・國學院大學・東京電機大学・武蔵大学・神奈川大学・愛知大学・東海大学・名城大学・追手門学院大学・神戸学院大学・広島国際大学・松山大学・福岡大学 他
④ 私大上位レベル	学習院大学・明治大学・青山学院大学・立教大学・中央大学・法政大学・芝浦工業大学・成城大学・成蹊大学・津田塾大学・東京理科大学・日本女子大学・明治学院大学・獨協大学・北里大学・南山大学・関西外国語大学・西南学院大学 他
⑤ 私大最難関レベル	早稲田大学・慶應義塾大学・上智大学・関西大学・関西学院大学・同志社大学・立命館大学 他
⑥ 国公立大レベル	北海道大学・東北大学・東京大学・一橋大学・東京工業大学・名古屋大学・京都大学・大阪大学・神戸大学・広島大学・九州大学 他

本書で使用している記号一覧

Check! ………………… 文法事項の説明

🔊 ………………… 音声番号

SVOC解析

S, V, O, C ……… 主節における文の要素

S, V, O, C ……… 従属節における文の要素

S′, V′, O′, C′ …… 意味上の関係

① ② ③ ………… 並列関係にある要素

〈　　〉………… 名詞句，名詞節

［　　］………… 形容詞句，形容詞節

（　　）………… 副詞句，副詞節

関代 ……………… 関係代名詞

関副 ……………… 関係副詞

等接 ……………… 等位接続詞

従接 ……………… 従属接続詞

疑 ………………… 疑問詞

… so ～ that … 相関語句

語句リスト

動 ………………… 動詞

名 ………………… 名詞

形 ………………… 形容詞

副 ………………… 副詞

接 ………………… 接続詞

関 ………………… 関係詞

前 ………………… 前置詞

熟 ………………… 熟語

英文を読むための基礎知識

英文を読む上で，単語や熟語の知識が必要なのは当然である。しかし，語句の意味がわかれば英文を正しく理解できるというわけではない。英文は日本語とは異なる「構造」を持っているので，「構造」を把握することが英文を読むときには不可欠だ。

そこで，英文の「構造」を把握する前提となる知識を解説する。正直言って面白みがある内容ではないが，英文読解力をつける上で避けては通れない道である。何とかがんばって熟読し，完全理解に努めてほしい。

解説の構成

❶ 品詞

❷ 文型

1．文型と文の要素　2．文型の見分け方　3．自動詞と他動詞

❸ 句と節

1．句と節とは

2．句 ――（1）名詞句　（2）形容詞句　（3）副詞句

3．節 ――（1）名詞節　（2）形容詞節　（3）副詞節

4．句と節の文中での位置

❹ 並列

1．等位接続詞　2．並列　3．様々な等位接続詞　4．等位接続詞による相関語句

❶ 品詞

品詞は細かく分類すると相当な数になってしまうが，とりあえず「名詞」「動詞」「形容詞」「副詞」の4品詞を押さえよう。

「名詞」とは人や事物の名称などを表す語。例を挙げたほうが早いだろう。student や car などだ。Japan のような固有名詞，he や this のような代名詞も，このグループに含まれる。名詞の働きは，**S（主語），O（目的語），C（補語）になったり，前置詞の後ろに置かれる**（これを「前置詞の目的語」という）。

「動詞」は動作や状態などを表す語。walk や know などだ。be 動詞（is や are）もこのグループに属する。動詞の働きは **V（述語）になる**ことだ。

「形容詞」は，①**名詞を修飾する，**②**C（補語）になる**，という2つの働きを持っている。

①の例としては

例 She is a **pretty** girl.　「彼女は**可愛い**女の子だ」
（She = S，is = V，a pretty girl = C）

pretty という形容詞が girl という名詞を修飾（詳しく説明）している。

②の例としては

例 The girl is **pretty**.　「その女の子は**可愛い**」
（The girl = S，is = V，pretty = C）

The girl が S，is が V，pretty が C という〈S+V+C〉の第2文型だ。文型の説明はあとで行う。

「副詞」の働きは，名詞以外を修飾することだ。**ほとんどの場合に動詞を修飾する**のだが，**形容詞や他の副詞を修飾することもあるし，文全体を修飾したりもする**ので，「名詞以外を修飾する」というのが正確だ。

例えば，

例 He walks **slowly**. 「彼は**ゆっくりと**歩く」
(He = S, walks = V)

という文では，副詞の slowly が動詞の walks を修飾している。

例 He walks **very** slowly. 「彼は**とても**ゆっくりと歩く」
(He = S, walks = V)

という文はどうだろう。

slowly が walks を修飾するのは前の文と同じだが，今度は very という副詞が slowly という副詞を修飾している。つまり，very → slowly → walks というふうに，二重の修飾になっている。

整理すると以下のようになる。

品詞	例	働き
名詞	student, car, advice, Japan, he (代名詞)	S, O, C, 前置詞の目的語になる
動詞	walk, run, know, do, believe, be	V になる
形容詞	small, pretty, old, tall, wonderful	①名詞を修飾　②Cになる
副詞	slowly, very, soon, too, easily	名詞以外を修飾

2 文型

1. 文型と文の要素

文型とは，英語の文のパターンを分類したものだ。英語の文には5つの文型がある。

第1文型：S ＋ V
第2文型：S ＋ V ＋ C
第3文型：S ＋ V ＋ O
第4文型：S ＋ V ＋ O ＋ O
第5文型：S ＋ V ＋ O ＋ C

そして，文型を構成する1つ1つのパーツのことを，文の要素と呼んでいる。これも5つある。

S（主語）　：「〜は」「〜が」と訳す。**名詞**。
V（述語）　：「〜する」「〜である」と訳す。**動詞**。
O（目的語）：「〜を」「〜に」と訳す。**名詞**。
C（補語）　：決まった訳し方はない。**名詞**または**形容詞**。
M（修飾語）：決まった訳し方はない。**形容詞**または**副詞**。

Mという要素は5文型の中には出てこない。これは，M（修飾語）とは文字通り「飾り物」であって，文の中で不可欠な要素ではないからである。文型とは，**このような「飾り物」を取り除いたあとに残るパターンを分類したものだ**，と理解しよう。

例えば，第1文型は〈S+V〉という2つの要素しかないが，だからといって文が短いということにはならない。〈S+V〉のあとにたくさんのM（修飾語）がくっついて，とても長い英文になることもある。

2. 文型の見分け方

この5つの文型の見分け方について説明しよう。

まず，**M（修飾語）をすべて取り除く**。このとき，**〈S+V〉しか残らなかったら，もちろん第1文型**だ。何がMになるのか，が問題だが，これには後述の「句」や「節」の理解が欠かせない。とりあえず，副詞や〈前置詞+名詞〉はMになると考えてよい。

例 He usually goes to school by bus.　「彼はふだん，バスで学校に行く」

この英文では，usuallyが副詞だから取り除く。to schoolとby busは〈前置詞+名詞〉だから，これも取り除く。

He(S) ~~usually~~ goes(V) ~~to school~~ ~~by bus~~.

というわけで，SとVしか残らないから，第1文型だ。

次に，Mを取り除いたときに，〈S+V〉の後ろに1つの要素（Xとする）が残っている場合は次のように考える。

S+V+Xの場合
「SはXだ」と言える　→ **S + V + C**
「SはXだ」と言えない → **S + V + O**

要するに，SとXが「主語ー述語」の関係かどうか，ということだ。例文を見てみよう。

例 The girl(S) finally became(V) a nurse(C).　「その女の子は結局看護師になった」

finallyが副詞なのでMと考え，取り除く。そうすると，The girl becameという〈S+V〉のあとに，a nurseという要素が残った。そこでこれをXと考えると「その女の子は看護師だ」となり，これは特に不自然ではない。よって，〈S+V+C〉の第2文型。

例 Her new dress(S) becomes(V) her(O) very well.
「彼女の新しいドレスは彼女にとてもよく似合っている」

veryもwellも副詞なのでM。よって，これを取り除く。Her new dressがSでbecomesがVだ（細かいことを言えば，Herとnewはdressを修飾しているからいずれもMだが，Her new dressをワンセットでSと考えたほうがわかりやすいだろう）。そこで，herをXと考えると「新しいドレスは彼女だ」となり，これは明らかにおかしい。よって，〈S+V+O〉

の第3文型。なお，become には第3文型で用いた場合に「似合う」という意味がある。

最後に，M を取り除いたときに，〈S+V〉の後ろに2つの要素（X，Y とする）が残っている場合は次のように考える。

S+V+X+Y の場合
「X は Y だ」と言える → **S + V + O + C**
「X は Y だ」と言えない → **S + V + O + O**

例 He made his daughter a doll.　「彼は娘に人形を作ってあげた」
(He = S, made = V, his daughter = O_1, a doll = O_2)

He が S，made が V。そのあとに his daughter と a doll という2つの要素がある。そこで，それぞれ X，Y と考える。「娘は人形だ」。これは無理。したがって，〈S+V+O_1+O_2〉の第4文型とわかった。make は第4文型で「O_1 に O_2 を作ってあげる」という意味だ。

例 He made his daughter a nurse.　「彼は娘を看護師にした」
(He = S, made = V, his daughter = O, a nurse = C)

同じく，his daughter を X，a nurse を Y と考えると，今度は「娘は看護師だ」と言えるので〈S+V+O+C〉の第5文型となる。make は第5文型で「O を C にする」という意味だ。

例 He made his daughter go to school.　「彼は娘を学校に行かせた」
(He = S, made = V, his daughter = O, go to school = C)

his daughter を X，go (to school) を Y と考えると，「娘は（学校に）行くのだ」と言えるので，やはり〈S+V+O+C〉の第5文型となる。〈make+O+ 原形〉は「O に〜させる」という意味。このように，C には動詞の変形；原形，〈to+ 原形〉，現在分詞（-ing 形），過去分詞（-ed 形，ただし不規則変化あり）が入ることもある。

補足的に，O（目的語）と C（補語）の理解のしかたについて説明しよう。

O（目的語）は **V（述語）で表される行為などの対象（相手）**で，**必ず名詞**だ。

C（補語）は，**第2文型〈S+V+C〉においては S と，第5文型〈S+V+O+C〉においては O と，それぞれ「主語ー述語」の関係にある要素**，ということになる。そして，C は**名詞でも形容詞でもいいし，前述のように動詞の変形の場合もある**。

3．自動詞と他動詞

「自動詞」「他動詞」については，以下のように理解しよう。**O（目的語）がない動詞を「自動詞」，O がある動詞を「他動詞」**という。つまり，第1文型，第2文型の動詞は「自動詞」，第3文型，第4文型，第5文型の動詞は「他動詞」ということになる。

自動詞	第1文型：**S + V**
	第2文型：**S + V + C**
他動詞	第3文型：**S + V + O**
	第4文型：**S + V + O + O**
	第5文型：**S + V + O + C**

自動詞，他動詞の簡単な区別の仕方は，**「～を」をつけられるかどうか**で考えるとわかりやすい。O は一般に「～を」と訳すからだ。たとえば，go は，「学校を行く」とは言わないから自動詞。visit は，「学校を訪問する」と言えるから他動詞だ。

もっとも，このやり方も万能ではない。marry や enter は他動詞だが，「彼を結婚する」「部屋を入る」とは言わない。このようなものは，文法・語法問題で問われるので，整理しておく必要がある。

3 句と節

1. 句と節とは

「句」も「節」も，2語以上のカタマリを意味するが，以下のような違いがある。

「句」→〈S+V〉を含まないカタマリ　　「節」→〈S+V〉を含むカタマリ

たとえば，on the desk や playing the piano というカタマリは「句」で，if it rains や what I want というカタマリは「節」ということになる。そして「句」には，その働きにより，「名詞句」「形容詞句」「副詞句」がある。節にも，「名詞節」「形容詞節」「副詞節」がある（名詞，形容詞，副詞の働きについては，6 ページを参照）。それぞれの「句」や「節」にはどんなものがあるのか，表にまとめてみよう。

	種　類	働　き	句や節を作るもの
句	名詞句	S, O, C になる	不定詞，動名詞
	形容詞句	名詞を修飾	不定詞，分詞，前置詞
	副詞句	名詞以外を修飾	不定詞，分詞，前置詞
節	名詞節	S, O, C になる	従属接続詞 (that / if / whether)，疑問詞，関係詞
	形容詞節	名詞を修飾	関係詞
	副詞節	名詞以外を修飾	従属接続詞，関係詞

以下，表の上のほうから順に説明する。

2. 句

(1) 名詞句

S, O, C になる句。**不定詞や動名詞のカタマリ**である。どちらも，**「～すること」**と訳す場合が多い。

例 My desire is 〈to study abroad〉.　「私の希望は留学することだ」
(My desire = S, is = V, 〈to study abroad〉 = C)

例 He enjoyed 〈swimming in the sea〉.　「彼は海水浴（海で泳ぐこと）を楽しんだ」
(He = S, enjoyed = V, 〈swimming in the sea〉 = O)

それ以外には，〈疑問詞＋to *do*〉も名詞句を作る。

例 I didn't know 〈which way to go〉. 「私はどちらの道に行くべきかわからなかった」
S V O

(2) 形容詞句

名詞を修飾する句。**不定詞，分詞，前置詞のカタマリ**がこれにあたる。

例 I have a lot of *homework* 〔to do〕. 「私にはやるべき宿題がたくさんある」
S V O

to do が homework という名詞を修飾している。

例 Look at *the dog* 〔running in the park〕. 「公園で走っている犬を見なさい」
V O

running in the park というカタマリが the dog という名詞を修飾している。

例 I bought *a ticket* 〔for the concert〕. 「私はコンサートのチケットを買った」
S V O

for the concert という前置詞のカタマリが，a ticket という名詞を修飾している。

(3) 副詞句

名詞以外（主に動詞）を修飾する句。**不定詞，分詞，前置詞のカタマリ**がこれにあたる。なお，分詞が副詞句を作ると，「分詞構文」と呼ばれ，【時】【理由】【付帯状況】などの意味を表す。

例 He *went* to America (to study jazz). 「彼はジャズの研究をするためにアメリカへ行った」
S V

to study jazz という不定詞のカタマリが went という動詞を修飾している。ここでは「～するために」という【目的】の意味。

例 He *entered* the room, (taking off his hat). 「彼は帽子を脱ぎながら部屋に入った」
S V O

taking off his hat という分詞のカタマリ（分詞構文）が entered という動詞を修飾している。ここでは「～しながら」という【付帯状況】の意味。

例 I *got* (to the station) (at ten). 「私は10時に 駅に到着した」
S V

to the station と at ten という2つの前置詞のカタマリが，いずれも got という動詞を修飾している。

3. 節

(1) 名詞節

S, O, Cになる節。**従属接続詞（that / if / whether），疑問詞，関係詞**が名詞節を作る。ここで，「従属接続詞」について説明しよう。

接続詞には，「等位接続詞」「従属接続詞」の2種類がある。「等位接続詞」は and や or のように，前後を対等に結ぶ（並列する）接続詞だ（14 ページ参照）。これに対して，「従属接続詞」とは，**節を作るタイプの接続詞**のこと。従属接続詞は数多くあるが，その中で**名詞節を作るのは that「…こと」／ if「…かどうか」／ whether「…かどうか」の3つだけ**で，それ以外のすべての従属接続詞は副詞節しか作れない。

例文を見てみよう。

例 〈**That** you study Spanish now〉 is a good idea.
S　S　V　O　V　C

「あなたが今スペイン語を勉強する**こと**はいい考えだ」

例 I don't know 〈**if**[**whether**] he will come here tomorrow〉.
S　V　O　S　V

「明日彼がここに来るの**かどうか**わからない」

このほか，**疑問詞も名詞節を作る**。前提として，まず，疑問詞について確認しよう。what「何」，who「誰」，which「どちら」，when「いつ」，where「どこ」，why「なぜ」，how「どのように」といった語を疑問詞という。これらの最も基本的な働きは，疑問文で文頭に置かれる用法だ。

例 What does he want?　「彼は何が欲しいのですか」
(V)　S　V

この疑問詞が，名詞節を作って，文中でS，O，Cになることがある。

例 I don't know 〈**what** he wants〉.　「私は，彼が**何を**欲しがっているのか知らない」
S　V　O　S　V

このような文のことを「間接疑問文」という。上の2つの例文で，what のあとの語順を比較してほしい。文中に what がある場合は，そのあとが does he want という疑問文の語順ではなく，he wants という**平叙文の語順**になる。

最後に，**一部の関係詞も名詞節を作る**ことがある。これは，関係詞の中では少数派であり，関係詞の大半は，次に述べる形容詞節を作る。名詞節を作る関係詞は，**what「…すること／…するもの」**と **how「…する方法」**を押さえておこう。

例 〈**What** I want〉 is a new car.　「私が欲しい**もの**は新しい車だ」
S　S　V　V　C

例 This is 〈**how** I solved the problem〉.
S　V　C　S　V　O

「これが，私が問題を解決した**方法**だ（→このようにして私は問題を解決した）」

（2）形容詞節

名詞を修飾する働きをする節。これを作るのは**関係詞だけ**だ。関係詞には，関係代名詞と関係副詞の2つがある。関係代名詞は**後ろに「不完全な文」**（SやOなどが欠けている文），関係副詞は**後ろに「完全な文」**（SやOなどが欠けていない文）が続く。例文で確認してみよう。

例 I have *a friend* 〔**who** lives in Osaka〕. 「私には大阪に住んでいる友人がいる」
S V O V

関係代名詞 who から始まるカタマリが a friend という名詞を修飾している。who の後ろには lives に対する S が欠けた文（＝不完全な文）が続いている。

例 This is *the place* 〔**where** I met her first〕. 「ここは私が初めて彼女に会った場所だ」
S V C S V O

関係副詞 where から始まるカタマリが the place という名詞を修飾している。where の後ろには，I (S) met (V) her (O) という，何も欠けていない文（＝完全な文）が続いている。

(3) 副詞節

名詞以外（主に動詞）を修飾する節。従属接続詞はすべて，副詞節を作ることができる。

例 I like him (**because** he is generous). 「彼は気前がいいので，私は彼が好きだ」
S V O S V C

従属接続詞 because から始まるカタマリが like という動詞を修飾している。

先ほど名詞節のところで出てきた that / if / whether は，名詞節だけではなく副詞節も作ることができる（ただし，that は so ～ that ... 構文など，特殊な構文に限られる）。**if は「もし…すれば」，whether は「…であろうとなかろうと」の意味では副詞節**である。

例 I will stay home (**if** it rains tomorrow). 「もし明日雨が降ったら，私は家にいるつもりだ」
S V S V

従属接続詞 if から始まるカタマリが stay という動詞を修飾している。

このほか，「複合関係詞」と呼ばれる特殊な関係詞が副詞節を作ることができる。これは，**関係詞の後ろに -ever をくっつけたもの**で，whoever，whatever のように〈関係代名詞＋-ever〉のタイプと，whenever，wherever のように〈関係副詞＋-ever〉のタイプがある。

例 I will reject your offer (**whatever** you say).
S V O S V

「たとえ君が何を言っても，私は君の申し出を断ります」

複合関係詞 whatever から始まるカタマリが reject という動詞を修飾している。

4. 句と節の文中での位置

ここまで述べた，合計6種類の句・節のうち，**副詞句・副詞節の2つは基本的に文中での位置が自由である。**

前述の副詞句の例文は，以下のように書き換えてもよい。

例 He went to America (to study jazz).
＝(To study jazz), he went to America.

副詞節の例文も同様。

例 I will stay home (if it rains tomorrow).
　＝(If it rains tomorrow), I will stay home.

より長い文だと，副詞句・副詞節が文の中ほどに挿入されることもある。

これに対して，名詞句・名詞節は，S，O，Cなどのあるべき位置に，形容詞句・形容詞節は，修飾する名詞の後ろに置かれる。したがって，文中での位置は自由ではない。

4 並列

1．等位接続詞

and や or などのように，**前後を対等の関係に結ぶ接続詞**を「等位接続詞」という。これに対し，前述の that や because など，節を導く接続詞を「従属接続詞」という。

2．並列

等位接続詞によって対等の関係に結ばれることを「**並列**」という。

例 He studied English① and mathematics②. 「彼は**英語**と**数学**を勉強した」

English と mathematics が並列されている。つまり，O が2つ並列されている。

＊なお，本書では並列されているもの同士を①，②，③……のように示す。

例 He studied English①, mathematics② and science③. 「彼は**英語**と**数学**と**理科**を勉強した」

English, mathematics, science が並列されている。つまり，O が3つ並列されている。3つ以上の並列の場合，〈① and ② and ③〉としてもよいが，〈①，② and ③〉のように，等位接続詞は最後に1回だけ用いるのがふつう。

例 He studied English① and read a comic book②. 「彼は**英語を勉強**し，**漫画を読んだ**」

studied English と read a comic book が並列されている。つまり，〈V+O〉が2つ並列されている。

例 He studied English① and his brother read a comic book②.

「**彼は英語を勉強**し，**彼の弟は漫画を読んだ**」

He studied English と his brother read a comic book が並列されている。つまり，〈S+V+O〉が2つ並列されている。

3. 様々な等位接続詞

and 以外の等位接続詞としては，or「または」／ but「しかし」／ yet「しかし」／ so「だから」／ nor「～も～ない」／ for「というのは～だからだ」がある。**and と or は語，句，節を並列するのに対し，その他は主に節を並列**する。

例 Which do you like better, tea① or coffee②?

「**紅茶**と**コーヒー**ではどちらのほうが好きですか」

例 She is wealthy,① but [yet] she is unhappy.② 「**彼女は裕福**なのに**不幸**だ」

例 This is a simple① but [yet] important② question. 「これは**単純**だが**重要**な問題だ」

*but や yet が語を並列することもある。

例 He worked hard,① so he passed the entrance examination.②

「**彼は一生懸命勉強した**，だから**入学試験に合格した**」

例 He isn't rich,① nor has he ever been.② 「**彼は金持ち**ではないし**金持ちだった**こともない」

*nor のあとは倒置が起こり，疑問文のような語順になる。

例 He felt no fear,① for he was a brave man.②

「**彼は恐怖を感じなかった**，というのは**勇敢な男だった**からだ」

4. 等位接続詞による相関語句

以下も A と B が文法上対等になる。

☐ not *A* but *B* 「A ではなくて B」（= *B*, not *A*）
☐ both *A* and *B* 「A と B の両方」（= at once *A* and *B* ）
☐ either *A* or *B* 「A か B のどちらか」
☐ neither *A* nor *B* 「A も B もどちらも～ない」（= not ～ either *A* or *B*）
☐ not only *A* but also *B* 「A だけでなく B も」（= *B* as well as *A*）

例 He studied **both** English① **and** French.② 「彼は**英語**と**フランス語**の両方を勉強した」

そのほか，*A* rather than *B* [rather *A* than *B*]「B というよりむしろ A」，*A*, if not *B*「B ではないとしても A」なども並列構造を作り，A と B が文法上対等となる。

1 解答・解説

問題は別冊 p.2

解答

問1	(1) ⑧	(2) ①	(3) ⑥	(4) ②
	(5) ⑤	(6) ⑦	問2	④

解説

問1

(1) 空所直前にある前置詞 for には**【期間】**を表す用法があり，for years で「長年にわたり」の意味。

(2) 空所直前に these「これらの」とあるので，直前文の life「生物」を言い換えたものが入ると考えられる。 being は be 動詞の -ing 形としての働きのほか，「生き物，生命体」の意味を表す名詞としての用法を持つ。

> ★ this「これ，この」やその複数形である these「これら（の）」は，原則として**直前の文にその指示内容がある**と考えてよい。ただし，段落第 1 文の this / these は直前の段落の全体または一部の内容を指す。

(3) 直後の文 Scientists believe the universe is about 12 billion years old.「科学者は宇宙が約 120 億年の歴史を持つと考えている」より，time「時間」が適切。

> ★英語の文章の展開は，**<抽象⇒具体>**が原則。「第 1 の理由は“時間”である」というのは抽象的でよくわからないが，**このあとで具体的な数値を挙げて説明**している。空所 (5) も同様の考え方で解ける。

(4) **冠詞 the と名詞 universe の間に空所がある**ので，ここには**形容詞**が入る。選択肢の中で形容詞は② entire「全体の」のみ。 only one planet in the entire universe で「宇宙全体でたった 1 つの惑星」の意味になる。only one planet はここでは地球のこと。

(5) **直後**に the universe is huge「宇宙は巨大だ」とあるので，size「大きさ」が適切。記号**「—」（ダッシュ）は【言い換え】や【具体化】**を示す。

(6) 空所直後の such as に注目する。***A* such as *B*** や **such *A* as *B*** は**「(たとえば) B のような A 」**の意味で，**B には A の具体例にあたるもの**が入る（**例** sports such as baseball, soccer and tennis「野球やサッカーやテニスのようなスポーツ」)。そこで，the Hubble Telescope が何の具体例であるかを考える。 telescope は「望遠鏡」なので，tool(s)「道具」の具体例と考えるのが適切。

問2

① 今日, 科学者は地球以外の惑星に生物は存在しないと考えている。
▶第１段落第２・３文と不一致。かつてはそのように考えられていたが，現在, 科学者の見解は変わりつつある。

② 私たちが知能を持つ生物と接触するのは遠い未来のことだと考えられている。
▶第１段落最終文と不一致。 soon とあるのに注目する。

③ 科学者は宇宙が約12億年前から存在すると考えている。
▶第２段落第３文と不一致。 billion は「10 億」なので，12 billion years は「120 億年」である。

④ **宇宙には少なくとも1,000億の銀河が存在することがわかっている。**
▶第２段落第６文と一致。

⑤ 最近, 地球に類似した惑星がいくつか存在することが確認された。
▶第２段落最終文参照。助動詞 might があるので, 地球に類似した惑星がある「かもしれない」のであって,「確認された」わけではない。

▼

それでは次に，段落ごとに詳しくみていこう。

第1段落 文の構造と語句のチェック

[1]Is there intelligent life (on other planets) ? [2](For years), scientists said "No" or "We do not know." [3]But today, this is changing. [4]Seth Shostak and Alexandra Barnett are astronomers. [5]They believe 〈 intelligent life exists (somewhere in the universe)〉. [6]They also think 〈 we will soon contact these beings 〉.

（Is: V／intelligent life: S／scientists: S／said: V／"No": O／or: 等接／"We do not know.": O／But: 等接／this: S／is changing: V／Seth Shostak and Alexandra Barnett: S（and: 等接）／are: V／astronomers: C／They: S／believe: V／〈…〉: O（従接 that 省略）／intelligent life: S／exists: V／They: S／think: V／〈…〉: O（従接 that 省略）／we: S／will soon contact: V／these beings: O）

訳 [1]他の惑星に知能を持つ生物はいるのだろうか。[2]長年，科学者は「ノー（いいえ）」または「わからない」と言っていた。[3]しかし今日，これは変わりつつある。[4]セス・ショスタックとアレクサンドラ・バーネットは天文学者である。[5]彼らは知能を持つ生物が宇宙のどこかに存在すると信じている。[6]彼らはまた，私たちが近いうちにこのような生命体と接触するとも考えている。

語句

intelligent	形	知能を持つ，知能が高い
life	名	生物，生命体
other	形	他の
planet	名	惑星
for years	熟	何年もの間，長年にわたり
scientist	名	科学者
astronomer	名	天文学者
believe	動	信じる
exist	動	存在する，実在する
somewhere	副	どこかに
universe	名	宇宙
contact	動	接触する，連絡を取る
being	名	生き物，生命体

第2段落 文の構造と語句のチェック

[1]Why do Shostak and Barnett think 〈 intelligent life exists (on other planets)〉? [2]The first reason is time. [3]Scientists believe 〈 the universe is about 12 billion

（do: (V)／Shostak and Barnett: S／think: V／〈…〉: O（従接 that 省略）／intelligent life: S／exists: V／The first reason: S／is: V／time: C／Scientists: S／believe: V／〈…〉: O（従接 that 省略）／the universe: S／is: V／about 12 billion: C） years old 〉. [4]This is too long, (say Shostak and Barnett), (for only one planet in the entire universe to have intelligent life) . [5]The second reason is size — the universe is huge. [6]Tools 〔 such as the Hubble Telescope 〕 "have shown 〈 that there are at least 100 billion... galaxies 〉," says Shostak. [7]And our galaxy, the Milky Way, has at least 100 billion stars. [8]Some planets 〔 that circle these stars 〕 might be similar (to Earth).

(This: S / is: V / too long: C / say: V / Shostak and Barnett: S / 主節の挿入 / and: 等接 / only one planet in the entire universe: S′ / have: V′ / intelligent life: O′ / The second reason: S / is: V / size: C / the universe: S / is: V / huge: C / Tools: S / have shown: V / that ...: O, that: 従接 / are: V / at least 100 billion... galaxies: S / says: V / Shostak: S / And: 等接 / our galaxy: S / the Milky Way: 同格 / has: V / at least 100 billion stars: O / Some planets: S / that: 関代 / circle: V / these stars: O / might be: V / similar: C)

訳 [1]なぜショスタックとバーネットは他の惑星にも知能を持つ生物が存在すると考えているのだろうか。[2]第1の理由は時間である。[3]科学者は宇宙が約120億年の歴史を持つと考えている。[4]これは，宇宙全体でたった1つの惑星にだけ知能を持つ生物がいるとするには長すぎる，とショスタックとバーネットは言う。[5]第2の理由は大きさである，すなわち，宇宙は巨大なのだ。[6]たとえばハッブル宇宙望遠鏡のような道具は「少なくとも1,000億の銀河が存在することを示した」とショスタックは言う。[7]そして，私たちの銀河，すなわち天の川銀河(銀河系)は，少なくとも1,000億の恒星を持つ。[8]これらの恒星の周りを回る惑星の中には，地球と類似しているものもいくつかあるかもしれない。

Check! 第4文では too ... to *do*「～するには…すぎる」の中に不定詞の意味上の主語を表す for が入り，too ... for *A* to *do*「Aが～するには…すぎる」という形になっている。

語句

reason	名	理由
billion	名	10億
entire	形	全体の，すべての
size	名	大きさ
huge	形	巨大な
tool	名	道具
such as ～	熟	(たとえば)～のような
telescope	名	望遠鏡
show	動	示す
at least	熟	少なくとも
galaxy	名	銀河，星雲
the Milky Way	名	銀河系，天の川 (＝the Galaxy)
star	名	星，恒星
circle	動	～の周りを回る
similar	形	似ている，類似した
▶ **be similar to ～**	熟	～に類似した

文法事項の整理 ① 接続詞 that

第１段落第５文の that についてみてみよう

They believe **(that)** intelligent life exists somewhere in the universe.

believe のあとの that は接続詞である。このような動詞の直後にある that は省略されることも多い。

接続詞 that の基本的な働きは**「名詞節を導く」**こと。名詞節とは，文中で S・O・C になる節のことである。この場合，that は「…（という）こと」と訳すのが原則だが，あまり訳に表れない場合も多い。なお，**文頭に置かれる場合を除き，that は省略可**。

例 I didn't know that he was ill.
(I = S / didn't know = V / that he was ill = O)
「私は彼が病気だということを知らなかった」

例 The problem is that we have little money.
(The problem = S / is = V / that we have little money = C)
「問題は，私たちがほとんどお金を持っていないということだ」

例 That he was wrong was clear.
(That he was wrong = S / was = V / clear = C)
= It was clear that he was wrong.
(It = 仮S / was = V / clear = C / that he was wrong = 真S)
「彼が間違っていることは明らかだった」

■その他の英文中の接続詞 that

■ 第１段落最終文

They also think we will soon contact these beings.

▶ think のあとに 接続詞 that が省略されている。

■ 第２段落第１文

Why do Shostak and Barnett think intelligent life exists on other planets?

▶ think のあとに接続詞 that が省略されている。

■ 第２段落第３文

Scientists believe the universe is about 12 billion years old.

▶ believe のあとに接続詞 that が省略されている。

■ 第２段落第６文

Tools such as the Hubble Telescope "have shown that there are at least 100 billion... galaxies," ...

▶ 接続詞 that が導く節（that ... galaxies）が have shown に対する O になっている。

以上, 接続詞 that が導く節がいずれも直前の動詞に対する O になっている。

確認問題

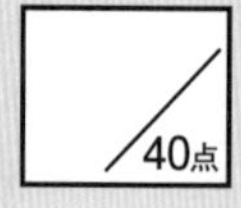

1. 次の和訳と対応する英語の語句を，頭文字を参考にして書き，空欄を完成させよう。

（各 1 点 × 20）

①	i	形	知能を持つ，知能が高い
②	p	名	惑星
③	s	名	科学者
④	a	名	天文学者
⑤	e	動	存在する，実在する
⑥	s	副	どこかに
⑦	u	名	宇宙
⑧	c	動	接触する，連絡を取る
⑨	b	名	生き物，生命体
⑩	r	名	理由
⑪	b	名	10 億
⑫	e	形	全体の，すべての
⑬	s	名	大きさ
⑭	h	形	巨大な
⑮	t	名	道具
⑯	t	名	望遠鏡
⑰	at l	熟	少なくとも
⑱	g	名	銀河，星雲
⑲	c	動	～の周りを回る
⑳	be s to ～	熟	～に類似した

2. 次の［　］内の語を並べ替えて，意味の通る英文を完成させよう。（各 5 点 × 2）

① They believe [somewhere / exists / life / in / intelligent] the universe.

② Some planets [might / circle / that / stars / these] be similar to Earth.

3. 次の英文を和訳してみよう。(10点)

Our galaxy, the Milky Way, has at least 100 billion stars.

ディクテーションしてみよう！

今回学習した英文に出てきた単語を，音声を聞いて [ ] に書き取ろう。

02-03

02 Is there ❶ i__________ life on other planets? For years, scientists said "No" or "We do not know." But today, this is changing. Seth Shostak and Alexandra Barnett are astronomers. They believe intelligent life exists ❷ s________ in the universe. They also think we will soon ❸ c______ these beings.

03 Why do Shostak and Barnett think intelligent life exists on other planets? The first reason is time. Scientists believe the universe is about 12 ❹ b______ years old. This is too long, say Shostak and Barnett, for only one planet in the ❺ e_____ universe to have intelligent life. The second reason is size — the universe is huge. ❻ T____ such as the Hubble Telescope "have shown that there are at ❼ l____ 100 billion... galaxies," says Shostak. And our galaxy, the Milky Way, has at least 100 billion stars. Some planets that circle these stars might be ❽ s______ to Earth.

確認問題の答

1. ① intelligent ② planet ③ scientist ④ astronomer ⑤ exist ⑥ somewhere ⑦ universe ⑧ contact ⑨ being ⑩ reason ⑪ billion ⑫ entire ⑬ size ⑭ huge ⑮ tool ⑯ telescope ⑰ least ⑱ galaxy ⑲ circle ⑳ similar
2. ① intelligent life exists somewhere in （第１段落　第５文）
   ② that circle these stars might （第２段落　第８文）
3. 私たちの銀河，すなわち天の川銀河（銀河系）は，少なくとも 1,000 億の恒星を持つ。
   （第２段落　第７文より文頭の And を省略）

ディクテーションしてみよう！の答

❶ intelligent ❷ somewhere ❸ contact ❹ billion ❺ entire ❻ Tools ❼ least ❽ similar

2 解答・解説

問題は別冊 p.4

解答

問1 ②	問2 ③	問3 ②	問4 ③

解説

問1

①「退屈な」 **②「わくわくする」** ③「苦痛な」 ④「面倒な」

> Living in a country outside of her own may be [(A)] in the beginning, [but] gradually this feeling will be replaced by a strong desire to return home.

逆接を表す but のあとの a strong desire to return home「帰国したいという強い願望」に注目する。これは国外での生活に対するマイナスの感情である（帰国したい＝国外での生活をやめたい）。ここから，but の前の [(A)] にはプラスイメージの語が入るはず。よって，② **exciting** が正解。

問2

まず，下線部(1)の内容を確認しよう。

> (1)This homesickness is reduced in some people while increased in others, depending on their personal histories and what their home means to them.
> 「このホームシックは，個人の経歴や母国がその人にとって何を意味するかによって，軽減される人がいる一方で，増大する人もいる」

前半は，ホームシックが減る人と増える人が対比されている。対比を表す接続詞 while の あとに，it (= this homesickness) is が省略されていると考える。

後半の depending on ～は「～次第で，～によって」の意味。このあとに❶ their personal histories「個人の経歴」と❷ what their home means to them「母国がその人にとって何を意味するか」が and によって並列されている（解説の便宜上，番号を付けた）。 home は「家」というより「母国」「故郷」の意味だろう。 histories は国外に移住するまでの経歴・前歴を意味する。

では，選択肢を順に確認しよう。

①「もし母国に強い愛着があるなら，ホームシックになる可能性が高い」
▶❷に該当する。
②「異なる環境を経験したことがある人は，ホームシックになる可能性が低い」
▶❶に該当する。
③「現代社会は，人々がホームシックに気づくのを難しくしている」
▶❶にも❷にも該当しない。
④「パートナーの国に友達が少ない人は，友達が多い人よりもホームシックになる可能性が高い」
▶直接的には❶にも❷にも該当しないように思われるが，「パートナーの国に友達が少ない」ということは，逆に「母国には友達がいる」「母国に帰れば孤独でない」とも解される。直後の文にもher home, family or friendsと言及がある。よって❷に該当すると考えてよいだろう。

問3

①「劇的な」　**②「困難な，つらい」**　③「重要な」　④「珍しい，異常な」
空所を含む英文の意味を確認しよう。

> Homesickness is so [(B)] for the female spouse who cannot visit her home, family or friends for long stretches of time.
> 「母国や家族や友人を長い間訪れることができない女性の配偶者にとって，ホームシックはとても [(B)] だ」

母国や家族や友人を訪れることができなければ，ホームシックはより過酷なものとなるだろう。直前の英文でも，母国の持つ意味によってホームシックの程度が変わると述べていたが，母国から長期間離れることは，当然ホームシックを増大させるはずである。よって，②が正解となる。

問4

> Also, when the woman leaves her country, (2) she is leaving her position in her society as well.「そのうえ，女性が自分の国を離れるとき，社会における地位からも離れることになる」

母国を去ると同時に，母国で持っていた地位をも手放すという意味であることがわかる。以下の３つの選択肢はいずれもこれに該当すると考えられる。

①「長年働いてきた仕事を諦めること」

②「自分にとってなじみのある社会的地位を捨てること」

④「自分のコミュニティとの親密な関係を切ること」

これに対して，**③「自分が大切にしてきたものを同僚に渡すこと」**は「地位」とも「母国」とも無関係である。

▼

それでは次に，段落ごとに詳しくみていこう。

第１段落 文の構造と語句のチェック

[1]〈 Marrying someone〔 from a different culture 〕〉(S) may force(V) a woman(O)〔 to live(C) in her partner's country 〕. [2]〈 Living in a country〔 outside of her own 〕〉(S) may be(V) exciting(C) (in the beginning), but(等接) gradually this feeling(S) will be replaced(V) (by a strong desire〔 to return home 〕). [3]This homesickness(S) is reduced(V) (in some people) (while(従接) [it is省略] increased (in others)), (depending on ①their personal histories and(等接) ②〈 what(疑) their home(S) means(V) to them 〉). [4]Homesickness(S) is(V) so hard(C) (for the female spouse〔 who(関代) cannot visit(V) ①her home, ②family or(等接) ③friends(O) (for long stretches of time)〕). [5]Also, (when(従接) the woman(S) leaves(V) her country(O)), she(S) is leaving(V) her position(O)〔 in her society 〕(as well). [6]She(S) must consider(V) 〈(O) that(従接) the socioeconomic class(S)

関代which省略

〔she held (in her own culture)〕 may not transfer (over to her spouse's culture)〉.
S V V

7〈 What this means 〉 is 〈 that she will have to adapt 〈 what she believes to be
S 関代 S V V C 従接 S V① O 関代 S V

will have省略

important 〉(to her partner's culture) and to create bridges 〔 of understanding 〕
C 等接 V② O

(between the two cultures)〉.

訳 [1]異なる文化の人と結婚することで，女性はパートナーの国で生活せざるを得なくなるかもしれない。[2]国外で生活することは，最初のうちはわくわくするかもしれないが，この感情は，帰国したいという強い願望に徐々に取って代わられるだろう。[3]このホームシックは，個人の経歴や母国がその人にとって何を意味するかによって，軽減される人がいる一方で，増大する人もいる。[4]母国や家族や友人を長い間訪れることができない女性の配偶者にとって，ホームシックはとてもつらいものだ。[5]そのうえ，女性が自分の国を離れるとき，社会における地位からも離れることになる。[6]女性は，自身の文化において自分が持っていた社会経済上の階級が，配偶者の文化には移行しないかもしれないということを考慮しなければならない。[7]このことが意味するのは，大切だと信じていることをパートナーの文化に適合させなければならず，また２つの文化の間に理解のかけ橋を創らなければならないということなのだ。

Check! 第３文の what は「何を…するか」という疑問詞と解釈したが，「…するもの［こと］」という関係代名詞として解釈することも可能。

語句

marry	動	結婚する
different	形	異なる
culture	名	文化
force	動	強いる，強制する
▶**force O to *do***	熟	Oに～することを強いる
partner	名	パートナー，夫［妻］
country	名	国
outside of ～	熟	～の外（側）の
in the beginning	熟	最初は
gradually	副	徐々に
feeling	名	感情
replace	動	取って代わる
desire	名	願望
homesickness	名	ホームシック
reduce	動	減らす
increase	動	増やす
depending on ～	熟	～次第で，～によって
personal	形	個人の
mean	動	意味する
female	形	女性の
position	名	立場，地位
society	名	社会
as well	熟	～も
consider	動	考える，考慮する
hold	動	持っている，保持する
＊活用：hold-held-held		
transfer	動	移る，移行する
adapt *A* to *B*	熟	AをBに合わせる，適合させる
create	動	創造する
understanding	名	理解

文法事項の整理 ② 関係代名詞

第4文の who についてみてみよう

Homesickness is so hard for the female spouse **who** cannot visit her home, family or friends for long stretches of time.

who は関係代名詞で，前の the female spouseを修飾。

■関係代名詞 who / whom / which / that は形容詞節（＝前の名詞を修飾する節）を作り，節の中で S や O の働きをする。これらの関係代名詞自体は訳さない。また，原則として目的格の関係代名詞は省略可能。

先行詞	主格（節の中で S の働き）	目的格（節の中で O の働き）
人	**who**	**who(m)**
物事	**which**	**which**
人・物事	**that**	**that**

例 I know the man〔**who** wrote this book〕.
（who = S，wrote = V，this book = O）
「私はこの本を書いた男性を知っている」

例 The house〔**which** stands on the hill〕is ours.
（which = S，stands = V）
「丘の上に立っている家は，私たちの家だ」

例 He is a man〔**who(m)** I respect ○ very much〕.
（who(m) = O，I = S，respect = V）
「彼は私が大いに尊敬する人物だ」　＊who(m)は省略可。

例 The bag〔**which** I bought ○ yesterday〕was expensive.
（which = O，I = S，bought = V）
「昨日私が買ったバッグは高価だった」　＊whichは省略可。

他方, 関係代名詞 what が作る節は, 文中で名詞の働き（S・O・C になる）をする。 what は節の中で S や O などの働きをする。 what は「…するもの[こと]」と訳すことが多い。

例 〈**What** I want ◌〉 is a new car.
O S V

「私がほしいものは新車だ」

■英文中のその他の関係代名詞

■第６文

She must consider that the socioeconomic class she held in her own culture may not transfer over to her spouse's culture.

▶ class のあとに目的格の関係代名詞 which[that] が省略されている。she ～ own culture の節が the socioeconomic class を修飾。なお, 関係代名詞の省略については 117 ページ参照。

■第７文

What this means is that she will have to adapt **what** she believes to be important to her partner's culture and to create bridges of understanding between the two cultures.

▶文頭の What, adapt のあとの what は目的格の関係代名詞。What ～ means は文の S, what ～ important は that 節中の adapt の O になっている。

確認問題

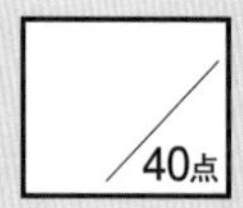

1. 次の和訳と対応する英語の語句を，頭文字を参考にして書き，空欄を完成させよう。

(各1点× 20)

①	m	動 結婚する
②	d	形 異なる
③	c	名 文化
④	f	動 強いる，強制する
⑤	c	名 国
⑥	o　of ～	熟 ～の外(側)の
⑦	in the b	熟 最初は
⑧	g	副 徐々に
⑨	f	名 感情
⑩	d	名 願望
⑪	r	動 減らす
⑫	i	動 増やす
⑬	d　on ～	熟 ～次第で，～によって
⑭	p	形 個人の
⑮	m	動 意味する
⑯	f	形 女性の
⑰	p	名 立場，地位
⑱	s	名 社会
⑲	c	動 考える，考慮する
⑳	t	動 移る，移行する

2. 次の[　]内の語を並べ替えて，意味の通る英文を完成させよう。(各5点× 2)

① Marrying someone from a different culture [a / may / live / woman / to / force] in her partner's country.

② Living in [her / country / of / outside / a] own may be exciting in the beginning.

3. 次の英文を和訳してみよう。(10 点)

What this means is that she will have to adapt what she believes to be important to her partner's culture.

ディクテーションしてみよう！

05

今回学習した英文に出てきた単語を，音声を聞いて [ ] に書き取ろう。

05 Marrying someone from a different culture may ❶ [f] a woman to live in her partner's country. Living in a country outside of her own may be exciting in the ❷ [b] , but gradually this feeling will be replaced by a strong ❸ [d] to return home. This homesickness is reduced in some people while increased in others, ❹ [d] on their ❺ [p] histories and what their home ❻ [m] to them. Homesickness is so hard for the female spouse who cannot visit her home, family or friends for long stretches of time. Also, when the woman leaves her country, she is leaving her position in her society as well. She must ❼ [c] that the socioeconomic class she ❽ [h] in her own culture may not transfer over to her spouse's culture. What this means is that she will have to adapt what she believes to be important to her partner's culture and to create bridges of understanding between the two cultures.

確認問題の答

1. ① marry　② different　③ culture　④ force　⑤ country　⑥ outside　⑦ beginning
   ⑧ gradually　⑨ feeling　⑩ desire　⑪ reduce　⑫ increase　⑬ depending　⑭ personal
   ⑮ mean　⑯ female　⑰ position　⑱ society　⑲ consider　⑳ transfer
2. ① may force a woman to live　（第１文）
   ② a country outside of her　（第２文前半）
3. このことが意味するのは，大切だと信じていることをパートナーの文化に適合させなければならないということなのだ。（第７文前半）

ディクテーションしてみよう！の答

❶ force　❷ beginning　❸ desire　❹ depending　❺ personal　❻ means　❼ consider
❽ held

アドバイス 第３文の in others は，n の音と，o がつながり，「イナザーズ」のように聞こえる(連結)。

アドバイス 第７文前半の What this は，What の t の音と，this の th の音が続くと，t の音がほとんど発音されなくなる(脱落)。

3 解答・解説

問題は別冊 p.6

解答

問1 ④	**問2** is not so in the major cities
問3 ②	**問4** ③
問5 Some people give work-related reasons	

解説

問1

① 第1段落第1文と不一致。そのような都市が複数あると書かれている。

② 第2段落第1文と不一致。タクシー会社は最も強く反対しているとある。

③ 第3段落第2, 3文と不一致。電車の終夜運行がないおかげで，お酒を飲む人々が早めに帰宅し，翌朝も起きることができるのである。

④ 第4段落第2文と一致。

問2

まず，あとの such as に注目する。***A* such as *B* / such *A* as *B* で「(たとえば) B のような A」**の意味を表す (B は A の具体例)。そこで，B にあたる「大阪や東京」から，最後に the major cities「大都市」を置けばよいことがわかる。そして，前置詞 in はこの前に置けばよいだろう。

また，前の部分が why this となっており，**why の節の中には完全な文がくる**ので，this (＝S) に続けて is not (＝V) を置き，so (＝C)「そのような」を続ける。 this is not so「これがそうではない (＝バスや通勤電車や地下鉄が 24 時間運行していない)」となる。

問3

claim は「主張する」または「要求する」という意味で，日本語の「クレームをつける」からイメージされるような意味はない。日本語の「クレームをつける (≒文句を言う)」は complain である。各選択肢の意味は①「決定する」，**②「主張する」**，③「疑問に思う，驚く」，④「文句を言う」。

問4

> (ウ) the passengers tend to want to go much greater distances, which is very good for the profits of the taxi companies

前半の意味は「乗客は（昼より）ずっと長い距離を乗りたがる傾向がある」。**tend to *do* は「〜する傾向がある」**の意味。後半の **〈, which〉は関係代名詞の非制限用法**（40ページ参照）。which のあとが is なので，複数形 distances ではなく，前の主節全体を指すと考えられる。そして，profit は「利益」なので，下線部全体の意味としては,「乗客は（昼より）ずっと長い距離を乗りたがる傾向があり，それはタクシー会社の利益にとって非常に好ましいことである」となる。

問5

［　］内の語に reasons があり，あとに why があるので，**reasons が先行詞，why が関係副詞でつながる**と考える。work-related「仕事に関連した」は形容詞で名詞を修飾する。直後の文の内容から people ではなく reasons の前が適切。Some people（＝S）give（＝V）work-related reasons（＝O）となる。

▼

それでは次に，段落ごとに詳しくみていこう。

第1段落　文の構造と語句のチェック

[1]There are(V) several cities(S) (in the world) 〔 where(関副) bus,① commuter train service② and(等接) subways③(S) operate(V) (24 hours a day)〕. [2]Quite a few people(S) 〔 in Japan 〕 wonder(V) 〈 why(O 疑) this(S) is not(V) so(C) (in the major cities 〔 such as Osaka① and(等接) Tokyo② 〕)〉. [3]Some people(S) claim(V) 〈(O)（従接 that 省略）24-hour train service(S) would generally make(V) life(O) easier(C) (all around)〉 but(等接) many people(S) oppose(V) the idea(O).

訳 [1]世界には，バスや通勤電車の便，また地下鉄が24時間運行している都市がいくつかある。[2]日本のかなり多数の人々は，大阪や東京のような大都市において，なぜそのようになっていないのか疑問に思っている。[3]電車の24時間運行は概して，あらゆる点で生活を楽にしてくれると主張する人々もいるが，多くの人々はその考えに反対である。

語句

several	形	いくつかの
commuter	形	通勤(者)の
service	名	(バス・電車などの)便,運行業務
subway	名	地下鉄
operate	動	機能する,営業する,活動する
quite a few	熟	かなり多数の
wonder	動	疑問に思う,不思議に思う
major	形	大きな,主要な
such as ～	熟	(たとえば)～のような
claim	動	主張する
generally	副	一般的に,概して
easy	形	(暮らしなどが)楽な,安楽な

＊比較変化:easy-easier-easiest

all around	熟	あらゆる点で,全体的に
oppose	動	反対する
idea	名	考え

第2段落 文の構造と語句のチェック

[1]Probably the strongest opposition(S) 〔 to 24-hour train service 〕 comes(V) (from the operators 〔 of taxi companies 〕). [2](Late at night), taxi fares(S) include(V) a surcharge(O) and(等接) the passengers(S) tend to want to go(V) (much greater distances), which(関代) is(V) very good(C) (for the profits 〔 of the taxi companies 〕).

訳 [1]おそらく,電車の24時間運行に対する最も強い反発は,タクシー会社の経営者から寄せられるものである。[2]夜遅い時間は,タクシーの運賃に追加料金が含まれ,乗客は(昼より)ずっと長い距離を乗りたがる傾向がある。それはタクシー会社の利益にとって非常に好ましいことである。

語句

probably	副	たぶん,おそらく
strong	形	強い

＊比較変化:strong-stronger-strongest

opposition	名	反対,反発
come from ～	熟	～から来る,生じる
operator	名	経営者,事業主
taxi	名	タクシー
company	名	会社
late	副	遅く
at night	熟	夜の[に],夜間の[に]
fare	名	運賃
include	動	含む
surcharge	名	追加料金
passenger	名	乗客
tend to *do*	熟	～する傾向がある
want to *do*	熟	～したがる,～したい
much	副	(比較級を強調して)ずっと,はるかに

great	形 (数量的に) 大きな, 著しく多い［高い, 長い］	**distance**	名 距離
		profit	名 利益, もうけ

＊比較変化：great-greater-greatest

第3段落　文の構造と語句のチェック

[1]Another thing (S)〔working against continuous train service〕is (V) the fact (C)〈that (従接(同格)) ①Japanese office workers (S) like to drink (V) (after work) and (等接) ②they (S) like to drink (V) (a lot and (等接) often)〉. [2]One of the reasons (S)〔(関副 why 省略) train services (S) stop (V) (so early at night)〕is (V) (so that (従接) office workers (S) will be forced to ①leave (V) the bars (O) and (等接) ②catch (V) the last train (O) home (at night)). [3]Then they (S) will be able to get up (V) (to go to work) (the next morning).

訳 [1]絶え間ない電車の運行に対し不利に働くもう１つの事柄は，日本の会社員が仕事のあと，お酒を飲むのが好きであり，しかも，たくさんのお酒を頻繁に飲むのが好きであるという事実だ。[2]電車の運行が夜のそれほど早い時間に終了する理由の１つは，会社員が酒場から出て，夜間に家に帰る最終の電車に乗らざるを得ないようにさせるためなのだ。[3]そうすれば彼らは翌朝，仕事に行くために起床することができるだろう。

Check! 第１文の that は同格の接続詞で，that が導く節が直前の名詞 the fact の具体的内容を説明している。

語句

another	形 もう１つの, 他の	**a lot**	熟 大いに, たくさん
thing	名 事柄, 物事	**often**	副 しばしば, 頻繁に
work against ～	熟 ～に不利に働く	**reason**	名 理由
continuous	形 絶え間ない, 連続した	**stop**	動 終了する, 停止する
fact	名 事実	**so that ...**	接 …するために,できるように
office worker	名 会社員	**be forced to *do***	熟 ～せざるを得ない
like to *do*	熟 ～するのが好きだ	**leave**	動 去る, 出発する
drink	動 酒を飲む	bar	名 バー, 酒場
		catch	動 (電車・バスなどに)間に合う

then	副 それなら，そうすると	**get up**	熟 起きる，起床する
be able to *do*	熟 ～できる	**go to work**	熟 仕事に行く，出勤する

第4段落 文の構造と語句のチェック

[1]Some people(S) give(V) work-related reasons(O) 〔why(関副) trains(S) do not run(V) (all night) (in Japan)〕. [2]Some(S) claim(V) 〈that(O 従接) (if(従接) the trains(S) ran(V) (all night)), dedicated workers(S) would stay(V①) (at their desks)(too late at night) or(等接) would arrive(V②) (too early in the morning) and(等接) start(V③) working(O) again〉.

訳 [1]電車が日本で終夜運行しないことに対する，仕事に関連した理由を挙げる人もいる。[2]もし電車が一晩中走っていたら，仕事熱心な人が，夜あまりにも遅い時間まで机に向かっていたり，朝あまりにも早い時間に到着して仕事を再開したりするであろう，と主張する人もいる。

Check! 第2文の if 以下は「仮定法過去」のパターン。仮定法では現在のことを過去形で表す。〈If＋S'＋動詞の過去形 ～，S＋助動詞の過去形＋*do* ...〉で「(今) S' が～すれば，S は…するだろう」の意味。

語句

give	動 (例などを) 挙げる，示す	**stay**	動 とどまる，(ずっと) いる
related	形 関係のある，関連した	**desk**	名 机
▶～-related	～に関連した	**too**	副 ～すぎる，あまりにも～
all night	熟 一晩中	**arrive**	動 到着する
dedicated	形 熱心な	**early**	副 早く
worker	名 労働者	**again**	副 再び，また

第 5 段落 文の構造と語句のチェック

is [may be] 省略 (V)

(Whatever the reason), there is a late-night rush hour (in Japan) (as people try to get home (so they can join the early-morning rush hour again (the next day))).

(Whatever: 関代 / the reason: S / is: V / a late-night rush hour: S / as: 従接 / people: S / try to get: V / so の後に 従接 that 省略 / they: S / can join: V / the early-morning rush hour: O)

訳 理由が何であれ，日本には夜遅くのラッシュアワーがある。それは，人々が翌日再び，早朝のラッシュアワーに加わるために帰宅しようとするからなのだ。

Check! whatever は複合関係代名詞（※関係詞のあとに -ever が付いたものを複合関係詞と呼ぶ）。whatever は名詞節を導くと「…するもの［こと］は何でも」，副詞節を導くと「たとえ何が［を］…でも」の意味。ここでは副詞節で，主語の the reason のあとに is［may be］が省略されている。

語句

whatever	関	たとえ何が［を］…でも
late-night	形	深夜の，夜遅くの
rush hour	名	ラッシュアワー
try to *do*	熟	～しようとする
get	動	着く，到着する
join	動	加わる，参加する
early-morning	形	早朝の
the next day	熟	翌日

文法事項の整理 ③　関係副詞

第１段落第１文の where についてみてみよう

There are several cities in the world **where** bus, commuter train service and subways operate 24 hours a day.

関係副詞は，**when**，**where**，**why**，**how** の４つと，それらの代用として使われる that がある。使い分けは以下のとおり。

先行詞	関係副詞	省略，その他
【時】を表す名詞	**when**	・先行詞が（the）time の場合，先行詞・関係副詞のいずれかを省略可能 ・非制限用法あり ▶〈, when ...〉で「そしてそのとき…」などと訳す
【場所】を表す名詞	**where**	・先行詞が（the）place の場合，先行詞・関係副詞のいずれかを省略可能 ・非制限用法あり ▶〈, where ...〉で「そしてそこで…」などと訳す
【理由】(reason)	**why**	・先行詞が（the）reason の場合，先行詞・関係副詞のいずれかを省略可能 ・非制限用法なし
【方法】(way)	**how**	・(the) way how ... のパターンは現代英語にはない ・先行詞・関係副詞のいずれかを必ず省略 ・非制限用法なし

▶第１段落第１文の where は関係副詞。先行詞は the world ではなく several cities（意味的にそう解釈しないと不自然）。

▶第１段落第２文の why は関係副詞ではなく疑問詞（「なぜ…か」）。wonder や ask などの動詞のあとに置かれているときは疑問詞と考えてよい。

▶第３段落第２文の reasons のあとには関係副詞 why が省略されている。

▶第４段落第１文の why は関係副詞。先行詞は work-related reasons。

文法事項の整理 ④　関係代名詞の非制限用法

第２段落第２文の〈, ＋ which〉についてみてみよう

Late at night, taxi fares include a surcharge and the passengers tend to want to go much greater distances**, which** is very good for the profits of the taxi companies.

第２段落第２文の which は非制限用法で，主節全体を指している。

普通は，関係代名詞は前の名詞（先行詞）を修飾するので，和訳するときも後ろから訳す。

例　He has two sons who live in Nagoya.
「彼には名古屋に住んでいる２人の息子がいる」

これを「**制限用法**」という。

これに対して，**〈,（コンマ）＋関係代名詞〉**の形では先行詞について補足説明をすることができる。**和訳するときは，前から訳す。**

例　He has two sons, who live in Nagoya.
「彼には２人の息子がいて，その２人は名古屋に住んでいる」

これを「**非制限用法**」という。

■ 〈,（コンマ）＋which〉は前の名詞だけでなく，**主節（の一部）を指すことができる。**

例　I tried to solve the problem, which was really difficult.
「私はその問題を解こうとした。それは本当に難しかった」
▶ which は the problem を指す。

例　I tried to solve the problem, which I found impossible.
「私はその問題を解こうとしたが，それが無理だとわかった」
▶ which は to solve the problem を指す。

例　I tried to solve the problem, which surprised our teacher.
「私はその問題を解こうとしたが，そのことで先生はびっくりした」
▶ which は I tried to solve the problem という主節全体を指す。

確認問題

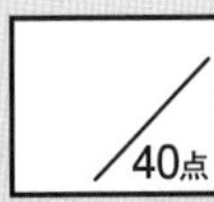

1. 次の和訳と対応する英語の語句を，頭文字を参考にして書き，空欄を完成させよう。

(各1点× 20)

①	s	形 いくつかの
②	s	名 地下鉄
③	o	動 機能する，営業する，活動する
④	q a few	熟 かなり多数の
⑤	c	動 主張する
⑥	g	副 一般的に，概して
⑦	o	動 反対する
⑧	s	形 強い
⑨	f	名 運賃
⑩	i	動 含む
⑪	p	名 乗客
⑫	p	名 利益，もうけ
⑬	f	名 事実
⑭	o	副 しばしば，頻繁に
⑮	be f to *do*	熟 〜せざるを得ない
⑯	c	動 (電車・バスなどに) 間に合う
⑰	go to w	熟 仕事に行く，出勤する
⑱	d	形 熱心な
⑲	a	動 到着する
⑳	w	関 たとえ何が[を]…でも

2. 次の[ ]内の語を並べ替えて，意味の通る英文を完成させよう。(各5点× 2)

① Some people claim 24-hour train service would generally [all / life / make / easier / around] .

② Some people give work-related [trains / not / why / do / reasons] run all night in Japan.

3. 次の英文を和訳してみよう。(10 点)

There are several cities in the world where bus, commuter train service and subways operate 24 hours a day.

ディクテーションしてみよう！

07-11

今回学習した英文に出てきた単語を，音声を聞いて [ ] に書き取ろう。

07 There are several cities in the world where bus, commuter train service and ❶ s______ operate 24 hours a day. ❷ Q____ a few people in Japan wonder why this is not so in the major cities such as Osaka and Tokyo. Some people ❸ c_____ 24-hour train service would generally make life easier all around but many people ❹ o______ the idea.

08 Probably the strongest opposition to 24-hour train service comes from the operators of taxi companies. Late at night, taxi fares ❺ i_______ a surcharge and the passengers tend to want to go much greater distances, which is very good for the ❻ p_______ of the taxi companies.

09 Another thing working against continuous train service is the ❼ f____ that Japanese office workers like to drink after work and they like to drink a lot and often. One of the reasons train services stop so early at night is so that office workers will be ❽ f______ to leave the bars and catch the last train home at night. Then they will be able to get up to go to work the next morning.

10 Some people give work-related reasons why trains do not run all night in Japan. Some claim that if the trains ran all night, ❾ d_________ workers would stay at their desks too late at night or would ❿ a＿＿＿＿ too early in the morning and start working again.

11 Whatever the reason, there is a late-night rush hour in Japan as people try to get home so they can join the early-morning rush hour again the next day.

確認問題の答

1. ① several ② subway ③ operate ④ quite ⑤ claim ⑥ generally ⑦ oppose ⑧ strong ⑨ fare ⑩ include ⑪ passenger ⑫ profit ⑬ fact ⑭ often ⑮ forced ⑯ catch ⑰ work ⑱ dedicated ⑲ arrive ⑳ whatever
2. ① make life easier all around （第１段落　第３文前半）
   ② reasons why trains do not （第４段落　第１文）
3. 世界には，バスや通勤電車の便，また地下鉄が 24 時間運行している都市がいくつかある。
   （第１段落　第１文）

ディクテーションしてみよう！の答

❶ subways ❷ Quite ❸ claim ❹ oppose ❺ include ❻ profits ❼ fact ❽ forced ❾ dedicated ❿ arrive

4 解答・解説

問題は別冊 p.10

解答

問1 ③	問2 ④	問3 ④	問4 ②	問5 ①

解説

問1

「第1段落で，アメリカの親が子どもに「毎日が『こどもの日』だからだよ」と述べる最も適切な理由はどれか」

①「子どもは毎日親から解放されているから」

☑ (be) on holiday from ～「～から逃れて，～から解放されて」

②「子どもは毎日自由に学校に行けるから」

③「子どもは毎日望むことは何でもするから」

④「子どもは毎日親から贈り物をもらうから」

第1段落最終文 They secretly think that every day is Adult's Day since adults seem to be able to pretty much do whatever they want, ...「彼ら（＝子どもたち）は，大人は自分の望むことはほとんど何でもできるように思われるため毎日が『大人の日』だとひそかに思っている(が)，…」から判断する。『○○の日』＝『○○が望むことを何でもできる日』という意味でとらえられていることを押さえる。

問2

「第1段落で，筆者によると，子どもは親の答えに対してどのように反応するか」

①「親はけっして嘘をつかないので，受け入れる」

②「まったく問題なく受け入れる」

☑ completely「まったく，完全に」

③「受け入れず，さらに理由を求める」

☑ ask for ～「～を求める，要求する」

④「おそらく気に入らないが，受け入れる」

☑ probably「たぶん，おそらく」

第1段落最終文で，They secretly think ... の部分には子どもの不満や不信感が表れており，but 以下から仕方なく受け入れていることがわかる。

問3

「第３段落で，“pretty”に最も意味が近いのは以下の単語のうちどれか」

①「美しい」

②「完全に」

③「まったく～ない」

④「かなり」

pretty は形容詞で用いると「かわいい，美しい」，副詞で用いると「かなり」の意味。下線部の pretty は直後の形容詞 obvious を修飾しているので副詞の用法。なお，直前の第２文の pretty は形容詞。

問4

「第３段落で，レジ係が筆者に贈り物を包装してもらいたいかと尋ねたとき，筆者はレジ係に『イイデス』と答えた。筆者はその代わりに何と言うべきだったのか」

①「ケッコウデス」

②「オネガイシマス」

③「サヨナラ」

④「シツレイシマシタ」

第３段落第６～最終文の内容から判断すると，「イイデス」が包装を拒否する「不要です」の意味に解釈されたことが問題だったとわかる。実際，筆者は包装してもらいたかったのだから，「包装しましょうか」というレジ係の申し出を受け入れる表現として「オネガイシマス」と言うべきだったと判断できる。

問5

「第２段落で，筆者は自分が『笑い者』だと言っている。なぜそのようなことを言うのか」

①「筆者は自分が日本語を正しく使えないと思っているから」

②「筆者はデパートで買い物をするのが嫌いだから」

③「筆者は永遠に子どもでいることがよいと思っているから」

④「筆者は毎日が『エープリルフール』であってほしいと思っているから」

第３段落で述べられている筆者の体験は，誤った日本語を使っていたことにあとで気づき，恥ずかしい思いをした話であることから判断する。

▼

それでは次に，段落ごとに詳しくみていこう。

第１段落　文の構造と語句のチェック

[1](In Japan), there is a Children's Day. [2] But (in America) there is no Children's Day. [3](When children ask their parents 〈 why there's a Mother's Day and a Father's Day but no Children's Day 〉), a typical response is, "〈 Because every day is Children's Day 〉." [4]That doesn't really satisfy children, (of course). [5]They secretly think 〈 that every day is Adult's Day (since adults seem to be able to pretty much do 〈 whatever they want 〉)〉, but children just have to accept this response.

訳 [1]日本には『こどもの日』がある。[2]しかしアメリカには『こどもの日』はない。[3]『母の日』と『父の日』があるのに『こどもの日』がないのはなぜかと子どもが親に尋ねると，典型的な回答は「毎日が『こどもの日』だからだよ」である。[4]もちろん，それで子どもが本当に満足するわけではない。[5]彼らは，大人は自分の望むことはほとんど何でもできるように思われるため毎日が『大人の日』だとひそかに思っているが，子どもたちはこの回答を受け入れるしかない。

語句

parent	名	親
typical	形	典型的な，普通の
response	名	答え，回答
really	副	本当に，実際に
satisfy	動	満足させる
of course	熟	もちろん
secretly	副	ひそかに，こっそりと
adult	名	大人
seem to *do*	熟	～するようだ，～するように思われる
be able to *do*	熟	～できる
pretty much	熟	ほとんど，ほぼ
whatever	関	…するもの［こと］は何でも
have to *do*	熟	～しなければならない
accept	動	受け入れる

第2段落 文の構造と語句のチェック

[1]I never felt 〈 that every day was Children's Day 〉, but (in Japan) I do feel 〈 that every day is April Fool's Day 〉. [2]And I, unfortunately, am the fool. [3](If I give you an example), you'll see 〈 what I mean 〉.

(I: S / felt: V / 〈 〉: O / that: 従接 / every day: S / was: V / Children's Day: C / but: 等接 / I: S / do feel: V / 〈 〉: O / that: 従接 / every day: S / is: V / April Fool's Day: C / And: 等接 / I: S / am: V / the fool: C / If: 従接 / I: S / give: V / you: O_1 / an example: O_2 / you'll: S / see: V / 〈 〉: O / what: 関代 / I: S / mean: V)

訳 [1]私は毎日が『こどもの日』だと感じたことは一度もなかったが，日本では実際に毎日が『エープリルフール(4月ばかの日)』だと感じる。[2]そして私は残念ながらその笑い者なのだ。[3]例を挙げれば，私の言おうとしていることがわかるだろう。

語句

feel	動	感じる，思う
April Fool's Day	名	エープリルフール，4月ばかの日
unfortunately	副	運悪く，残念ながら
fool	名	ばか者，笑い者
example	名	例
see	動	わかる，理解する
mean	動	意図する，言おうとする

第3段落 文の構造と語句のチェック

[1](Before my first trip 〔 back home 〕), I went (to a department store) (to do some shopping for presents 〔 for my family and friends 〕). [2]I found some pretty ceramic ware (for the various people 〔 on my list 〕) and brought it (to the cash register). [3]It was pretty obvious 〈 that the bowls and platters were intended (as gifts)〉 and the cashier asked me 〈 if I'd like to have the presents wrapped 〉. [4]Yes, indeed I would, I told her. [5]She gave me

(I: S / went: V / and: 等接 / I: S / found: V / some pretty ceramic ware: O / and: 等接 / brought: V / it: O / It: 仮S / was: V / pretty obvious: C / 〈 〉: 真S / that: 従接 / the bowls and platters: S / and: 等接 / were intended: V / and: 等接 / the cashier: S / asked: V / me: O_1 / 〈 〉: O_2 / if: 従接 / I: S / 'd like to have: V / the presents: O / wrapped: C / Yes, indeed I would: O_2 / I: S / told: V / her: O_1 / She: S / gave: V① / me: O_1)

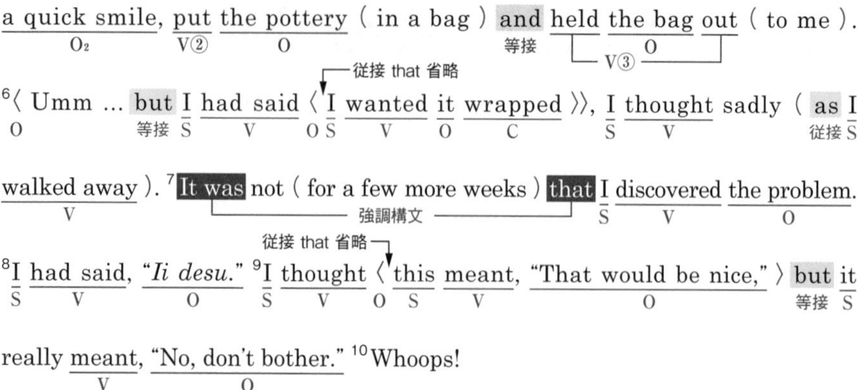

a quick smile, put the pottery (in a bag) and held the bag out (to me).
O2 V② O 等接 O V③
従接 that 省略
6〈 Umm ... but I had said 〈 I wanted it wrapped 〉〉, I thought sadly (as I
O 等接 S V O S V O C S V 従接 S
walked away). 7 It was not (for a few more weeks) that I discovered the problem.
V 強調構文 S V O
従接 that 省略
8 I had said, "Ii desu." 9 I thought 〈 this meant, "That would be nice," 〉 but it
S V O S V O S V O 等接 S
really meant, "No, don't bother." 10 Whoops!
V O

訳 [1]初めて母国に帰る旅の前に，私は家族や友人へのお土産を買うためにデパートへ行った。[2]私は自分のリストに載っている様々な人たちのためにきれいな陶磁器を見つけ，それをレジに持って行った。[3]そのお椀や大皿が贈り物として意図されたものであることはかなり明らかであり，レジ係はその贈り物を包装してもらいたいかどうかを私に尋ねた。[4]はい，ぜひ，と私は彼女に言った。[5]彼女は私にちらっとほほえみ，陶器を袋に入れ，その袋を私のほうへ差し出した。[6]うーん…私はそれを包装してほしいと言ったのだけど，と歩き去りながら私は悲しく考えていた。[7]問題点に気づくのにさらに数週間かかった。[8]私は「イイデス」と言ってしまったのだ。[9]私はこれが「それはありがたいです」という意味だと思っていたが，実際には「いいえ，おかまいなく」の意味だったのだ。[10]しまった！

語句

department store	名	デパート，百貨店
shopping	名	買い物
pretty	形	きれいな，かわいい
	副	かなり，相当
various	形	様々な
list	名	リスト，一覧表
cash register	名	レジ
obvious	形	明らかな，明白な
bowl	名	鉢，椀
intend	動	意図する
cashier	名	レジ係，精算係
wrap	動	包装する
indeed	副	本当に，実に
hold out	熟	差し出す
sadly	副	悲しそうに，悲しげに
walk away	熟	歩き去る，立ち去る
discover	動	発見する，気づく
bother	動	気にする

文法事項の整理 ⑤ 仮主語［形式主語］

第３段落第３文の It was ～ that ... についてみてみよう

It was pretty obvious **that** the bowls and platters were intended as gifts and the cashier asked me if I'd like to have the presents wrapped.

It is important to study English.「英語を勉強することは重要だ」のような文で，It は主語の位置にあるが，実際の主語としての内容は to 以下にある。このような It のことを**仮主語［形式主語］**といい，to 以下を真主語という。It は「それ」と訳すのではなく，**to 以下の内容を It に代入して訳す**。上の文では It が仮主語［形式主語］，that ～ gifts が真主語。

■真主語の種類

真主語の部分には，that 節のほか，不定詞，動名詞，whether 節，疑問詞節もくる。

例 It is important to know the truth.
仮S　真S（to know the truth）
「真実を知ることが重要だ」

例 It is no use asking him.
仮S　真S（asking him）
「彼に尋ねてもむだだ」

例 It is doubtful whether he will win or not.
仮S　真S（whether he will win or not）
「彼が勝つかどうかは疑わしい」

例 It is a mystery why he won.
仮S　真S（why he won）
「なぜ彼が勝ったのかは謎だ」

文法事項の整理 ⑥　強調構文

第３段落第７文の It was ～ that ... についてみてみよう

It was not for a few more weeks **that** I discovered the problem.

これは【強調構文】で，It is ～ that ... の「～」の部分を強調する表現である。基本的には「…するのは～だ」と訳すが，「～こそ…する，まさに～が…する」などの訳し方も可。

例　My brother(①) bought a new car(②) last month(③).

(①を強調)　It was my brother that[who] bought a new car last month.
「先月新車を買ったのは私の兄だ」

(②を強調)　It was a new car that my brother bought last month.
「私の兄が先月買ったのは新車だ」

(③を強調)　It was last month that my brother bought a new car.
「私の兄が新車を買ったのは先月だ」

It is ～ that ... の形は仮主語構文の場合もあるので，注意しよう。

■ **It is ～ that ... の識別方法**　（＊It の指示対象が前にない場合）

～ が形容詞		仮主語構文
～ が名詞	... が完全な文	仮主語構文
	... が不完全な文	**強調構文**
～ が副詞		**強調構文**
～ が〈前置詞＋名詞〉		**強調構文**

第３段落第７文の It was ～ that ... は，for a few more weeks という〈前置詞＋名詞〉が挟まっていることから強調構文とわかる。I didn't discover the problem for a few more weeks.「私はさらに数週間その問題に気づかなかった」を強調構文にしたものと考えられる。

第３段落第７文を基本の強調構文の訳し方にあてはめると，「私がその問題に気づくのはさらに数週間なかった」という不自然な訳になってしまう（否定文の場合には訳し方をあてはめにくい場合が多い)。そこで,「気づくのにさらに数週間かかった」など訳を工夫する必要がある。

確認問題

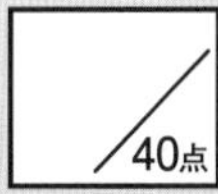

1. 次の和訳と対応する英語の語句を，頭文字を参考にして書き，空欄を完成させよう。

（各1点×20）

①	p	名 親
②	t	形 典型的な，普通の
③	r	名 答え，回答
④	s	動 満足させる
⑤	s	副 ひそかに，こっそりと
⑥	s　to *do*	熟 ～するようだ，～するように思われる
⑦	a	動 受け入れる
⑧	u	副 運悪く，残念ながら
⑨	f	名 ばか者，笑い者
⑩	e	名 例
⑪	m	動 意図する，言おうとする
⑫	d　store	名 デパート，百貨店
⑬	p	形 きれいな，かわいい　副 かなり，相当
⑭	v	形 様々な
⑮	o	形 明らかな，明白な
⑯	i	動 意図する
⑰	c	名 レジ係，精算係
⑱	w	動 包装する
⑲	s	副 悲しそうに，悲しげに
⑳	b	動 気にする

2. 次の［　］内の語を並べ替えて，意味の通る英文を完成させよう。（各5点×2）

① In Japan I [day / feel / that / do / every] is April Fool's Day.

② The cashier asked me [to / like / if / I'd / have] the presents wrapped.

3. 次の英文を和訳してみよう。(10 点)

It was pretty obvious that the *bowls and *platters were intended as gifts.

*bowl「椀」　platter「大皿」

ディクテーションしてみよう！

今回学習した英文に出てきた単語を，音声を聞いて［　］に書き取ろう。

13 In Japan, there is a Children's Day. But in America there is no Children's Day. When children ask their parents why there's a Mother's Day and a Father's Day but no Children's Day, a ❶ t_______ response is, "Because every day is Children's Day." That doesn't really ❷ s_______ children, of course. They secretly think that every day is Adult's Day since adults seem to be able to pretty much do whatever they want, but children just have to ❸ a______ this response.

14 I never felt that every day was Children's Day, but in Japan I do feel that every day is April Fool's Day. And I, ❹ u_____________, am the fool. If I give you an example, you'll see what I mean.

15 Before my first trip back home, I went to a department store to do some shopping for presents for my family and friends. I found some pretty ceramic ware for the ❺ v_______ people on my list and brought it to the cash register. It was pretty ❻ o_______ that the bowls and platters were intended as gifts and the cashier asked me if I'd like to have the presents ❼ w_______. Yes, indeed I would, I told her. She gave me a quick smile, put the pottery in a bag and held the bag out to me. Umm ... but I had said I wanted it wrapped, I thought ❽ s_____ as I walked away. It was not for a few more weeks that I discovered the problem. I had said, "*Ii desu.*" I thought this meant, "That would be nice," but it really meant, "No, don't ❾ b______." Whoops!

確認問題の答

1. ① parent ② typical ③ response ④ satisfy ⑤ secretly ⑥ seem ⑦ accept
   ⑧ unfortunately ⑨ fool ⑩ example ⑪ mean ⑫ department ⑬ pretty ⑭ various
   ⑮ obvious ⑯ intend ⑰ cashier ⑱ wrap ⑲ sadly ⑳ bother
2. ① do feel that every day **（第２段落　第１文後半）**
   ② if I'd like to have **（第３段落　第３文後半）**
3. **そのお椀や大皿が贈り物として意図されたものであることはかなり明らかだった。（第３段落　第３文前半）**

ディクテーションしてみよう！の答

❶ typical ❷ satisfy ❸ accept ❹ unfortunately ❺ various ❻ obvious ❼ wrapped
❽ sadly ❾ bother

5 解答・解説

問題は別冊 p.14

解答

問1	(ア) ②		(イ) ④		(ウ) ②	
問2	(1) ①	(2) ④	(3) ②	(4) ④	問3	②, ⑤

解説

問1

(ア) consider は「考える, 考慮する」。①「世話をする」**②「考える」**③「扱う, 処理する」④「忘れる」

(イ) completely は「完全に」。①「簡潔に」②「注意深く」③「自由に」**④「完全に」**

(ウ) choose は「選ぶ」。①「(ペンキなどで) 塗る, 描く」**②「選ぶ」**③「追いかける」④「変える」

問2

(1) 「[　　　　] は悲しみの色として述べられている」

①「青」　②「白」　③「黄色」　④「緑」

▶第 3 段落第 1 文参照。

(2) 「[　　　　] は人々をより空腹にさせるので, レストランに最もよく使われる色である」

①「ピンク」　②「緑」　③「青」　**④「赤」**

▶第 2 段落最終文参照。

(3) 「黄色は目に [　　　　] 色であり, 私たちを喧嘩したい気持ちにさせる」

①「落ち着かせる」　**②「不快な」**　③「くつろがせる」　④「よい」

▶第 5 段落最終文参照。

(4) 「緑は病院に [　　　　] 色と考えられている」

①「間違った」　②「奇妙な」　③「不愉快な」　**④「適した」**

▶第 4 段落第 3 文参照。

問3

① 「囚人は刑務所の壁がピンク色に塗られているとより攻撃的になった」

▶第5段落第2文と不一致。

② **「人々は赤い部屋の中にいると時間がより速く過ぎると思うかもしれない」**

▶第2段落第5文と一致。

③ 「黒は私たちをリラックスした気分にさせる」

▶黒については本文中に記述がない。なお，第4段落第1文によれば，リラックスさせるのは緑である。

④ 「青はアメリカではお金や嫉妬の色として知られている」

▶第4段落最終文と不一致。お金や嫉妬の色は緑である。

⑤ **「学生は青い部屋にいるとテストでよりよい結果を示す」**

▶第3段落最終文と一致。

▼

それでは次に，段落ごとに詳しくみていこう。

第1段落 文の構造と語句のチェック

[1]We(S) live(V) (in a world of color),(always surrounded by it). [2]Color(S) gives(V) beauty(O) (to our lives) ― but(等接) that(S) isn't(V) the only thing(C) 〔 it(S) gives(V) 〕.

（関代 that 省略 → it の前）

訳 [1]私たちは色の世界に住んでおり，常に色に囲まれている。[2]色は私たちの生活に美を与える。しかし，それは色が与える唯一のものではない。

Check! 第1文 surrounded は過去分詞で，【付帯状況】を表す分詞構文。
第2文の thing のあとには，目的格の関係代名詞 that が省略されている。

語句

color	名	色
always	副	いつも，常に
surround	動	囲む
beauty	名	美，美しさ

第 2 段落　文の構造と語句のチェック

[1] Consider red. [2] (As you know), red is the color 〔 of fire and blood 〕. [3] It makes us breathe more quickly and makes our hearts beat faster. [4] (If people spend a long time (in a room 〔 that is completely red 〕)), they may become nervous and even aggressive. [5] But red is often seen (in bars and casinos)(because it makes time seem to go faster). [6] It's also the most popular color (for restaurants)(because it makes us hungrier).

(Consider: V / red: O / As: 従接 / you: S / know: V / red: S / is: V / the color: C / ① of fire and ② blood: and 等接 / It: S / makes: V / us: O / breathe more quickly: C / and: 等接 / makes: V / our hearts: O / beat faster: C / If: 従接 / people: S / spend: V / a long time: O / that: 関代 / is: V / red: C / they: S / may become: V / nervous and even aggressive: C / But: 等接 / red: S / is often seen: V / because: 従接 / it: S / makes: V / time: O / seem to go faster: C / It's: S V / the most popular color: C / because: 従接 / it: S / makes: V / us: O / hungrier: C)

訳 [1]赤を考えてみなさい。[2]ご存じのように，赤は火や血の色である。[3]それは私たちの呼吸をより速くさせ，心臓の鼓動をより速くさせる。[4]もし人々が完全に赤の部屋で長時間過ごしたら，緊張し，攻撃的にさえなるかもしれない。[5]しかし赤は時間がより速く過ぎるように思わせるので，バーやカジノでよく見られる。[6]また，赤は私たちをより空腹にさせるので，レストランで最もよく用いられる色でもある。

語句

consider	動	考える，考慮する
blood	名	血
breathe	動	呼吸する
quickly	副	速く
heart	名	心臓
beat	動	鼓動する
fast	副	速く
spend	動	過ごす，費やす
completely	副	完全に
become	動	～になる
nervous	形	神経質な，緊張して
even	副	～さえ
aggressive	形	攻撃的な
often	副	しばしば，よく
bar	名	バー，酒場
casino	名	カジノ（公認の賭博場）
also	副	～もまた
popular	形	人気のある，よく用いられる
restaurant	名	レストラン，食堂
hungry	形	空腹の

＊比較変化：hungry-hungrier-hungriest

第3段落 文の構造と語句のチェック

[1]Blue (S), (on the other hand), is known (V) (as the color of sadness). [2]Think of (V) Picasso's paintings (O) 〔 of blind and poor people 〕. [3]But (等接) blue (S) also makes (V) us (O) feel peaceful (C). [4]So, light blue (S) is (V) the best color (C) (for bedrooms). [5]One more thing (S) 〔 that (関代) blue (S) does (V) 〕 is (V) 〈 (to) improve performance (C) 〉. [6]Students (S) get (V) higher test scores (O) and (等接) weightlifters (S) can lift (V) more (O) (in blue rooms).

訳 [1]他方, 青は悲しみの色として知られている。[2]盲目の人々や貧しい人々を描いたピカソの絵画を考えてみなさい。[3]しかし, 青はまた, 私たちを平和な気持ちにもさせてくれる。[4]だから, 淡い青色は寝室に最もよい色なのだ。[5]青がしてくれるもう1つのことは, 能力を高めることである。[6]青の部屋では, 学生はテストの点数が上がるし, 重量挙げ選手はより重い重量を持ち上げることができる。

Check! 第5文は, One more thing が S, that が目的格の関係代名詞で that blue does が thing を修飾, is が V, improve performance が C。improve の前には不定詞の to が省略されている。このように be 動詞のあとの C の位置に to 不定詞がくる場合, **V (be 動詞) の直前が do / does / did のときに to が省略可能**。

例 All you have to *do* (S) is (V) (to) study hard (C).
「君は熱心に勉強しさえすればよい」

語句

on the other hand	熟	他方で, 一方で
sadness	名	悲しみ
painting	名	絵画
blind	形	目が見えない, 盲目の
peaceful	形	平和な
light	形	(色が) 薄い, 淡い
bedroom	名	寝室
one more ～	熟	もう1つの～
improve	動	改善する, 向上させる
performance	名	成績, 出来映え
score	名	得点
weightlifter	名	重量挙げ選手
lift	動	持ち上げる

第 4 段落　文の構造と語句のチェック

[1]Green tends to relax us (because it is the color of nature). [2]TV talk show guests wait (in "green rooms") (before they appear (on TV)). [3]And green is a very popular color (for hospitals). [4](In America), green has another important meaning − it is the color 〔 of ①money and ②envy 〕!

（構造：[1]Green = S, tends to relax = V, us = O, because = 従接, it = S, is = V, the color of nature = C. [2]TV talk show guests = S, wait = V, before = 従接, they = S, appear = V. [3]And = 等接, green = S, is = V, a very popular color = C. [4]green = S, has = V, another important meaning = O, it = S, is = V, the color = C, and = 等接）

訳 [1]緑は自然の色なので私たちをリラックスさせる傾向がある。[2]テレビのトークショーのゲストはテレビに出演する前に「緑の部屋」で待つ。[3]また，緑は病院でもとてもよく使われる色である。[4]アメリカでは緑はもう 1つの重要な意味を持つ。つまり，それはお金や嫉妬の色なのだ！

語句

tend to *do*	熟	～する傾向がある
relax	動	くつろがせる，リラックスさせる
nature	名	自然
talk show	名	トークショー，トーク番組
guest	名	ゲスト（出演者）
appear	動	出演する
hospital	名	病院
another	形	もう 1つの，別の
important	形	重要な
meaning	名	意味
envy	名	嫉妬，ねたみ

第 5 段落　文の構造と語句のチェック

[1]Pink, however, may be the most calming color. [2](In one experiment), prisoners were less violent (when the jail walls were painted pink). [3](In contrast), yellow would be the worst choice (for a prison). [4]Yellow annoys the eyes and makes people want to fight.

（構造：[1]Pink = S, may be = V, the most calming color = C. [2]prisoners = S, were = V, less violent = C, when = 従接, the jail walls = S, were painted = V, pink = C. [3]yellow = S, would be = V, the worst choice = C. [4]Yellow = S, annoys = V, the eyes = O, and = 等接, makes = V, people = O, want to fight = C）

訳 [1]しかし，ピンク色が最も心を落ち着かせる色かもしれない。[2]ある実験では，刑務所の壁がピンク色に塗られていると受刑者はそれほど乱暴でなくなった。[3]対照的に，黄色は刑務所には最悪の選択であろう。[4]黄色は目にうっとうしく，人々を喧嘩したい気持ちにさせる。

語句

however 副 しかし
calming 形 心を落ち着かせる
experiment 名 実験
prisoner 名 囚人，受刑者
violent 形 暴力的な，乱暴な
jail 名 刑務所
wall 名 壁
paint 動 (ペンキなどで)塗る
in contrast 熟 対照的に
worst 形 最悪な
＊bad の最上級。比較変化：bad-worse-worst
choice 名 選択
prison 名 刑務所
annoy 動 いらいらさせる
fight 動 喧嘩をする

第6段落 文の構造と語句のチェック

So, choose (V) your colors (O) carefully − they (S) do (V) **more** (O) (for you)(**than** you (S) may realize (V)).

訳 だから，注意深く色を選びなさい。色はあなたが気づいている以上の働きをするのだ。

語句

choose 動 選ぶ
＊活用：choose-chose-chosen
carefully 副 注意深く
realize 動 気づく，認識する

文法事項の整理 ⑦　使役動詞

第２段落第３文の makes についてみてみよう

It **makes** us breathe more quickly and **makes** our hearts beat faster.

make, have, let の３つを「使役動詞」という。これらの動詞は,**〈V ＋ O ＋動詞の原形〉**のパターンをとることが共通点である。以下に整理しよう。

① make O *do*「O に～させる」

▶強制的にさせる，という意味になる。ただし，「物事」が S の場合は，強制の意味はなく，単なる因果関係を表す点に注意。

例　The teacher **made** him go home.
「先生は彼を家に帰らせた」【強制】

That dress **makes** her look fat.
「あのドレスのせいで彼女は太って見える」【因果関係】

② have O *do*「O に～してもらう」

▶依頼してやってもらう，という意味。ほぼ同じ意味を表す表現として，get O to *do* があり，こちらは説得を伴うことを示す。

例　I **had** him paint my house.
「私は彼に家のペンキ塗りをしてもらった」
(≒I **got** him to paint my house.)

③ let O *do*「O に～させてやる」

▶許可・放置の意味を表す。

例　She wouldn't **let** me use her phone.
「彼女はどうしても私に彼女の電話を使わせてくれなかった」

本文では，最初に挙げた第２段落第３文以外に３か所，使役動詞の make が用いられている。これらはいずれも「物事」がＳで，**【因果関係】**を表している。

■第２段落第３文

It **makes** us breathe more quickly and **makes** our hearts beat faster.
V O V O

■第２段落第５文

But red is often seen in bars and casinos because it **makes** time seem to go faster.
V O

■第３段落第３文

But blue also **makes** us feel peaceful.
V O

■第５段落第４文

Yellow annoys the eyes and **makes** people want to fight.
V O

確認問題

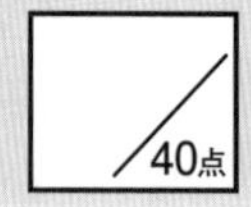

1. 次の和訳と対応する英語の語句を，頭文字を参考にして書き，空欄を完成させよう。

（各 1 点× 20）

①	c	名	色
②	s	動	囲む
③	b	名	美，美しさ
④	b	名	血
⑤	b	動	呼吸する
⑥	b	動	鼓動する
⑦	c	副	完全に
⑧	n	形	神経質な，緊張して
⑨	a	形	攻撃的な
⑩	p	形	人気のある，よく用いられる
⑪	s	名	悲しみ
⑫	b	形	目が見えない，盲目の
⑬	p	形	平和な
⑭	i	動	改善する，向上させる
⑮	m	名	意味
⑯	e	名	嫉妬，ねたみ
⑰	e	名	実験
⑱	v	形	暴力的な，乱暴な
⑲	a	動	いらいらさせる
⑳	r	動	気づく，認識する

2. 次の［　］内の語を並べ替えて，意味の通る英文を完成させよう。（各 5 点× 2）

① But red is often seen in bars and casinos because it [to / time / seem / go / makes] faster.

② In one experiment, prisoners were less violent when [painted / walls / pink / jail / the / were] .

3. 次の英文を和訳してみよう。(10 点)

One more thing that blue does is improve performance.

ディクテーションしてみよう!

今回学習した英文に出てきた単語を，音声を聞いて [ ] に書き取ろう。

17　We live in a world of color, always surrounded by it. Color gives beauty to our lives − but that isn't the only thing it gives.

18　Consider red. As you know, red is the color of fire and blood. It makes us ❶ b＿＿＿＿＿＿ more quickly and makes our hearts beat faster. If people spend a long time in a room that is completely red, they may become nervous and even ❷ a＿＿＿＿＿＿＿＿＿. But red is often seen in bars and casinos because it makes time seem to go faster. It's also the most popular color for restaurants because it makes us hungrier.

19　Blue, on the other hand, is known as the color of ❸ s＿＿＿＿＿＿. Think of Picasso's paintings of blind and poor people. But blue also makes us feel peaceful. So, light blue is the best color for bedrooms. One more thing that blue does is ❹ i＿＿＿＿＿＿ performance. Students get higher test scores and weightlifters can lift more in blue rooms.

20　Green tends to relax us because it is the color of nature. TV talk show guests wait in "green rooms" before they appear on TV. And green is a very popular color for hospitals. In America, green has another important meaning − it is the color of money and ❺ e＿＿＿!

21　Pink, however, may be the most calming color. In one ❻ e＿＿＿＿＿＿＿＿＿, prisoners were less violent when the jail walls were painted pink. In contrast, yellow would be the worst choice for a prison. Yellow ❼ a[ ] the eyes and makes people want to fight.

22 So, choose your colors carefully – they do more for you than you may ❽ r[ ].

確認問題の答

1. ① color ② surround ③ beauty ④ blood ⑤ breathe ⑥ beat ⑦ completely ⑧ nervous ⑨ aggressive ⑩ popular ⑪ sadness ⑫ blind ⑬ peaceful ⑭ improve ⑮ meaning ⑯ envy ⑰ experiment ⑱ violent ⑲ annoy ⑳ realize
2. ① makes time seem to go （第２段落　第５文）
   ② the jail walls were painted pink （第５段落　第２文）
3. 青がしてくれるもう１つのことは，能力を高めることである。（第３段落　第５文）

ディクテーションしてみよう！の答

❶ breathe ❷ aggressive ❸ sadness ❹ improve ❺ envy ❻ experiment ❼ annoys ❽ realize

6 解答・解説

問題は別冊 p.18

解答

問1 ④	問2 ③	問3 ③	問4 ④	問5 ③	問6 ①

解説

問1

①「事故を起こす運転手はいない」

②「歩行者はめったに負傷しない」

③「最近ほとんど事故はない」

④「時々事故が起こる」

直前の文で walking can be dangerous「歩くことは危険な場合がある」，空所を含む文の前半で People driving cars, trucks, and motorcycles do not always watch out for pedestrians「車，トラック，オートバイを運転する人々は，いつも歩行者に注意しているわけではない」とあり，歩行者にとって危険な状況が示されている。これと論理的につながるのは，**④「時々事故が起こる」**。①の no「1つ［1人］もない」，②の rarely「めったにない」，③の few「(数が) ほとんどない」がいずれも否定語である点に注意。

問2

①「都市計画立案者は歩道をふさいだ」

②「人々は街路を利用しなかった」

③「街路はすべての人のものだった」

④「乗り物が街路を占有した」

空所の具体的内容は，あとの文に Children played there, and people walked to work or to stores.「子どもたちはそこ（街路）で遊び，人々は職場や商店に歩いて行った」とある。子どもたちも含め，人々が様々な目的で街路を利用していたことがわかる。

問3

①「減らす」　②「無視する」　**③「取り付ける」**　④「取り除く」

第３段落は，歩行者のために街路を安全にする取り組みについての説明（同段落第１文参照）。したがって，stop signs「一時停止標識」の設置は増加するはず。選択肢①②④は，いずれも否定的な内容の語で文意に合わない。

問4

①「車」　②「リビングルーム［居間］」　③「公園」　**④「街路」**

In the future, [**(4)**] may again be safe for people「将来，[**(4)**] は再び人々にとって安全になるかもしれない」とあるので，「安全（過去）　⇒　危険（現在）　⇒　安全？（将来）」という経過が予想できる。第２段落で，かつて安全だった街路が現在は危険になったこと，第３段落で，街路を再び安全にするための取り組みがなされていることが書かれている。よって，④**「街路」**が適切。

問5

入れるべき英文の意味は「交通信号機，自転車レーン，交通規制は以前より多くなっている」。これらは，道を安全にする取り組みの具体例と考えられる。そこで，第３段落第１文 nowadays, many cities are working to make their streets safer for pedestrians「近頃では，多くの都市が歩行者にとって街路をより安全にするために活動している」のあとに続けるのが適切。

問6

①「デイビッド・ホールは，私たちが街路を歩くのにより安全な場所にする必要があると考えている」

▶第２段落第２文後半にホールの以下のメッセージが書かれている。 We need to take back our streets and make them better places for walking.「街路を取り戻し，歩くのによりよい場所にしなければならない」。第１段落で歩行者に及ぶ危険について書かれていたので， better places「よりよい場所」とは，文脈上，「より安全な場所」を意味していると考えられる。よって，本文と一致。

②「デイビッド・ホールは，車やトラックやバスのための街路を設計するために世界中を旅している」

▶第4段落第1文にホールが世界中を旅していると書かれているが，これは人々に考え方を変えてもらうためである。また，第2段落第5文によれば，街路を設計しているのは city engineer「都市計画立案者」であってホールではない。よって，本文と一致しない。

③「歩行者が注意深いので，車やトラックやオートバイを運転することは，多くの都市において安全である」

▶歩行者の注意深さについての記述はない。また，第1段落に，車やトラックやオートバイを運転する人々が注意深くない場合があり，危険をもたらしていると書かれている。よって，本文と一致しない。

④「特別な許可証を持っていても，ローマ市では人々は車やバスを運転することを禁止されている」

▶第3段落第3文で，特別な許可証があれば運転が許されていると書かれている。よって，本文と一致しない。なお，ban *A* from *doing* は「Aが～することを禁止する」の意味。

▼

それでは次に，段落ごとに詳しくみていこう。

第1段落　文の構造と語句のチェック

[1]Walking(S) is(V) a great way(C) 〔to get around〕. [2](For short trips), ① or(等接) ② (just for fun), walking(S) can be(V) better(C) (than driving). [3]But(等接) (in reality), (in many cities 〔around the world〕), walking(S) can be(V) dangerous(C). [4]People(S) 〔driving ①cars, ②trucks, and(等接)

motorcycles 〕 do not always watch out for pedestrians, and sometimes accidents happen.

訳 [1]歩くことは移動するためのすばらしい方法だ。[2]短い旅行や楽しみのために，運転するよりも歩くことがよりよいこともある。[3]しかし，現実には世界中の多くの都市で，歩くことは危険な場合がある。[4]車，トラック，オートバイを運転する人々は，いつも歩行者に注意しているわけではなく，時々事故が起こる。

Check! 第4文の not always は「必ずしも［いつも］〜わけではない」の意味で，【部分否定】の表現。

語句

get around	熟	移動する，動き回る
fun	名	楽しみ
in reality	熟	現実には
truck	名	トラック
motorcycle	名	オートバイ
not always	熟	いつも〜わけではない
watch out for 〜	熟	〜に注意する
pedestrian	名	歩行者

第2段落 文の構造と語句のチェック

[1]David Hall, a journalist 〔 from Australia 〕, wants to do something (about this). [2]His book, *Thinking about Our Cities and Towns*, has a simple message: We need to take back our streets and make them better places 〔 for walking 〕. [3](In the past), (Hall says), streets belonged (to everybody). [4]Children played there, and people walked (to work) or (to stores). [5]Today, however, most city engineers design streets (for vehicles 〔 such as cars, trucks, and buses 〕). [6]People stay (inside buildings) (to get away from the crowded

sidewalks, ②the noisy streets, and(等接) ③the dangerous traffic). [7]Unfortunately, this(S) gives(V) them(O₁) less contact(O₂) 〔 with their neighbors 〕.

訳 [1]オーストラリア出身のジャーナリスト, デイビッド・ホールは, これについて何とかしたいと思っている。[2]彼の著書『私たちの都市と町について考える』という本には, シンプルなメッセージがある。それは, 街路を取り戻し, 歩くのによりよい場所にしなければならない, というものだ。[3]ホールによれば, 過去には街路はすべての人のものだった。[4]子どもたちはそこで遊び, 人々は職場や商店に歩いて行った。[5]しかし今日では, ほとんどの都市計画立案者が, 車やトラック, バスなどの乗り物のために街路を設計している。[6]人々は, 混雑した歩道, 騒々しい街路, 危険な交通から逃れるために建物の中にとどまっている。[7]残念ながら, これにより, 人々が隣人と接触する機会が少なくなっている。

Check! 第2文の make は第5文型 (S+V+O+C) の用法。〈make+O+C〉で「O を C にする」の意味。

第3文の Hall says の部分は主節の挿入。本来は Hall says (that) in the past streets belonged to everybody. という文だが, 文頭にあるべき主節が文中に挿入されている。

語句

journalist	名	ジャーナリスト
take back ～	熟	～を取り戻す
street	名	道, 街路
in the past	熟	過去に
belong to ～	熟	～のものである
however	副	しかし
engineer	名	設計者, 立案者
design	動	設計する
vehicle	名	乗り物, 車
inside	前	～の中に, ～の内側に
get away from ～	熟	～から逃れる, ～を避ける
crowded	形	混雑した
sidewalk	名	歩道
noisy	形	うるさい, 騒がしい
traffic	名	交通, 往来
unfortunately	副	残念ながら
contact	名	接触
neighbor	名	隣人, 近所の人

第3段落 文の構造と語句のチェック

[1]However, nowadays, many cities(S) are working(V) (to make(V′) their streets(O′) safer(C′) (for pedestrians)). [2]There are(V) more traffic lights(S①), more bicycle lanes(S②), and(等接) more traffic(S③)

regulations. [3]The city 〔 of Rome 〕〔 in Italy 〕 only allows cars and buses with special permits 〔 to drive on its streets 〕. [4](In New York, 〔 in the United States 〕), the Slow Streets Program installs more stop signs (to make cars stop), and sets lower speed limits (in some areas).

訳 [1]しかし, 近頃では, 多くの都市が歩行者にとって街路をより安全にするために活動している。[2]交通信号機, 自転車レーン, 交通規制は以前より多くなっている。[3]イタリアのローマ市は, 特別な許可証を持つ車やバスだけに街路の通行を許可している。[4]アメリカのニューヨーク市では, スローストリートプログラムによって, 車を止めさせるためにより多くの一時停止標識が設置され, 一部の地域では速度制限が低く設定されている。

Check! 第3文の〈allow＋O＋to *do*〉は「Oが〜するのを許可する」の意味。ここではOの後ろに修飾語句（with 〜）が付いているため, 構造がとりにくくなっている。

語句

nowadays	副 この頃, 最近では	permit	名 許可証
traffic light	名 交通信号機	**install**	動 設置する, 取り付ける
lane	名 レーン, 車線	stop sign	名 一時停止の標識
regulation	名 規則, 規制	**set**	動 設定する, 定める
allow	動 許可する	**speed limit**	名 速度制限
		area	名 地域

第4段落 文の構造と語句のチェック

[1]Hall travels (around the world), (helping people think differently (about ①pedestrians, ②streets, and ③neighborhoods)). [2](According to Hall), we should think of streets as our "outdoor living room." [3](In the future), streets may again be safe (for people), and walking will be an even better means 〔 of

transport](than it is now).

訳 [1]ホールは，歩行者，街路，地域についての人々の考え方を変える手助けをしながら，世界中を旅している。[2]ホールによれば，私たちは街路を「屋外のリビングルーム」と考えるべきだ。[3]将来，街路は再び人々にとって安全になるかもしれない。また，歩くことは，今と比べてさらによい移動手段となっているだろう。

Check! 第 1 文の helping 以下は【付帯状況】を表す分詞構文。「～して」「～しながら」などと訳す。〈help + O + (to) *do*〉で「O が～するのを助ける」。

語句

differently	副	違うように，異なって
neighborhood	名	地域
according to ～	熟	～によれば
think of *A* as *B*	熟	AをBだと考える
outdoor	形	屋外の，野外の
in the future	副	将来は，未来に
even	副	さらに
means	名	手段
transport	名	輸送，移動

文法事項の整理 ⑧　動詞の -ing 形

第 1 段落第 1 文の Walking についてみてみよう

Walking is a great way to get around.

Walking という動詞の -ing 形が S になっている（動名詞）。

動詞の -ing 形で，文中で**名詞の働き（S・O・C になる／前置詞のあとに付く）**をするものを**動名詞**という。一般に「～すること」と訳す。単独で用いることもあり，句を作ることもある。

例 **Singing** is fun.（Singing = S，is = V，fun = C）

「歌うことは楽しい」

▶ 単独で S になっている。

例 **Singing carols at Christmas** is fun.（Singing carols at Christmas = S，is = V，fun = C）

「クリスマスに聖歌を歌うことは楽しい」

▶ 句を作って S になっている。

動詞の -ing 形で，文中で**形容詞の働き（Cになる／名詞を修飾する）**や**副詞の働き（名詞以外を修飾する）**をするものを**現在分詞**という。一般に「～している」と訳す。進行形（be -ing）の -ing 形も現在分詞。

名詞を修飾する現在分詞は，単独の場合は前から，句を作る場合は後ろから修飾するのが原則。

例 Don't wake up the sleeping baby.

「眠っている赤ちゃんを起こさないで」

▶ 単独で baby を前から修飾。

例 Don't wake up the baby sleeping in bed.

「ベッドで眠っている赤ちゃんを起こさないで」

▶ 句を作り，baby を後ろから修飾。

副詞の働きをする現在分詞は**分詞構文**と呼ばれ，「～するときに」「～するので」「～しながら」「～すれば」などの意味を表す。(→ 83 ページ参照)

例 He walked along the street, singing a song.

「彼は歌を歌いながら，通りを歩いた」

▶ singing a song という句が動詞 walked を修飾。

■英文中のその他の -ing 形

■第１段落第２文

For short trips, or just for fun, **walking** can be better than driving.

▶ walking が S になっている（動名詞）。

■第１段落第３文

But in reality, in many cities around the world, **walking** can be dangerous.

▶ walking が S になっている（動名詞）。

■第１段落第４文

People **driving** cars, trucks, and motorcycles do not always watch out for pedestrians, and sometimes accidents happen.

▶ driving cars, trucks, and motorcycles という句が前の People を修飾している（現在分詞）。

■第２段落第２文後半

We need to take back our streets and make them better places for **walking**.

▶ walking が前置詞 for の後ろに付いている（動名詞）。

■第３段落第１文

However, nowadays, many cities are **working** to make their streets safer for pedestrians.

▶ working が are とセットで現在進行形になっている（現在分詞）。

■第４段落第１文

Hall travels around the world, **helping** people think differently about pedestrians, streets, and neighborhoods.

▶ helping 以下は動詞 travels を修飾している（現在分詞／分詞構文）。ここでは「～しながら」の意味。

■第４段落第３文後半

..., and **walking** will be an even better means of transport than it is now.

▶ walking が S になっている（動名詞）。

確認問題

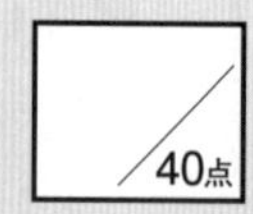

1. 次の和訳と対応する英語の語句を，頭文字を参考にして書き，空欄を完成させよう。

（各1点×20）

	英語	品詞	和訳
①	in r	熟	現実には
②	b to ～	熟	～のものである
③	h	副	しかし
④	d	動	設計する
⑤	v	名	乗り物，車
⑥	g away from ～	熟	～から逃れる，～を避ける
⑦	c	形	混雑した
⑧	n	形	うるさい，騒がしい
⑨	t	名	交通，往来
⑩	u	副	残念ながら
⑪	n	名	隣人，近所の人
⑫	n	副	この頃，最近では
⑬	re	名	規則，規制
⑭	a	動	許可する
⑮	i	動	設置する，取り付ける
⑯	a to ～	熟	～によれば
⑰	t of *A* as *B*	熟	AをBだと考える
⑱	o	形	屋外の，野外の
⑲	m	名	手段
⑳	t	名	輸送，移動

2. 次の［　］内の語を並べ替えて，意味の通る英文を完成させよう。（各5点×2）

① People driving cars, trucks, and motorcycles [out / always / do / watch / not] for pedestrians.

② We need to take back our streets and [better / them / for / places / make] walking.

3. 次の英文を和訳してみよう。(10 点)

He travels around the world, helping people think differently.

ディクテーションしてみよう!

24-27

今回学習した英文に出てきた単語を，音声を聞いて [ ] に書き取ろう。

24 Walking is a great way to get around. For short trips, or just for fun, walking can be better than driving. But in ❶ r______, in many cities around the world, walking can be dangerous. People driving cars, trucks, and motorcycles do not always ❷ w____ out for pedestrians, and sometimes accidents happen.

25 David Hall, a journalist from Australia, wants to do something about this. His book, *Thinking about Our Cities and Towns*, has a simple message: We need to take back our streets and make them better places for walking. In the past, Hall says, streets belonged to everybody. Children played there, and people walked to work or to stores. Today, however, most city engineers ❸ d______ streets for vehicles such as cars, trucks, and buses. People stay inside buildings to get away from the crowded sidewalks, the noisy streets, and the dangerous traffic. Unfortunately, this gives them less ❹ c_______ with their neighbors.

26 However, nowadays, many cities are working to make their streets safer for pedestrians. There are more traffic lights, more bicycle lanes, and more traffic ❺ r__________. The city of Rome in Italy only allows cars and buses with special permits to drive on its streets. In New York, in the United States, the Slow Streets Program installs more stop ❻ s_____ to make cars stop, and sets lower speed limits in some areas.

27 Hall travels around the world, helping people think differently about pedestrians, streets, and neighborhoods. ❼ A_______ to Hall, we should think of streets as our "outdoor living room." In the future, streets may again be safe for people, and walking will be an even better ❽ m____ of transport than it is now.

確認問題の答

1. ① reality ② belong ③ however ④ design ⑤ vehicle ⑥ get ⑦ crowded ⑧ noisy ⑨ traffic ⑩ unfortunately ⑪ neighbor ⑫ nowadays ⑬ regulation ⑭ allow ⑮ install ⑯ according ⑰ think ⑱ outdoor ⑲ means ⑳ transport
2. ① do not always watch out （第１段落 第４文前半）
   ② make them better places for （第２段落 第２文後半）
3. 彼は人々の考え方を変える手助けをしながら，世界中を旅している。
   （第４段落 第１文より文頭の Hall をHe に変えて文末の about 以降を省略）

ディクテーションしてみよう！の答

❶ reality ❷ watch ❸ design ❹ contact ❺ regulations ❻ signs ❼ According ❽ means

アドバイス 第２段落第２文 better と第６文 get away では，t の音は母音に挟まれると「ら行」のような音に変化する（ら行化[フラッピング]）。better が「ベラ」，get away が「ゲラウェイ」のように聞こえる。

7 解答・解説

問題は別冊 p.22

解答

問1 eliminate	問2 victims	問3 ③	問4 ②
問5 ③	問6 ①	問7 ②，⑥	問8 ②

解説

問1

get rid of ～は「～を取り除く，～を捨てる」の意味で，第3段落第1文の**eliminate**がほぼ同じ意味を表す。

問2

casualties は casualty の複数形で「(事故や戦争などの) 犠牲者，被害者」の意味。第1段落最終文および第2段落第1文の **victims** がほぼ同じ意味を表す。

問3

第1段落第6文の主語である Landmines「地雷」を，第8文 they ⇒第9文 Their ⇒第10文 they が続けて指している点に注目する。they のあとの can remain for days, months and years waiting for innocent victims「何日も，何カ月も，何年も，罪のない被害者を待ち構えて残っている可能性がある」ともうまくつながる。よって主語 they は③ **landmines**「地雷」となる。

問4

> Instantly, the landmine (S) exploded, (V) （エ） pieces of metal up into his body. (副詞)

この文の構造は，the landmine がS，exploded がV。 explode は自動詞なので，空所の前までで文は完結している。そこで，空所から始まる部分が副詞の働きをしていると考え，**sending** を入れて分詞構文 (⇒「文法事項の整理⑨」83ページ参照) にする。なお，過去形の sent を入れるとすれば，exploded と並列になるための and が空所の前に必要となる。

問5

operationには「手術」「活動」「運営, 営業」「動作, 作動」「操作」などの意味がある。ここでは, 下線部直前にemergency「緊急」とあることや, 場所が「病院」であること, 下線の後ろの部分でfurther medical care「さらなる治療」とあることから, 「**手術**」の意味であると考える。

① 「その店は市から営業許可を受けた」
▶「営業」の意味。

② 「国連の救出活動は地震のすぐあとに始まった」
▶「活動」の意味。

③ 「父は肩の手術が必要になるだろう」
▶「**手術**」の意味。

④ 「そのヘリコプターのエンジンの動作は正常だった」
▶「動作, 作動」の意味。

問6

① 「地雷を除去すること」
② 「地雷の被害者を支援すること」
③ 「世界平和を達成すること」
④ 「地雷の惨事を報告すること」

thisは原則として直前の文に指示内容がある。ここでは直前文のhave worked to eliminate landmines「地雷の除去に取り組んできた」を指すと考えられる。なお, 選択肢①のremoveはeliminateとほぼ同じ意味を表す。

☑remove「撤去する, 除去する」／☑disaster「災難, 惨事」

問7

① 「筆者はベトナム戦争での地雷の生存者である」
▶第2段落第3文と不一致。筆者の義理の兄弟が地雷の生存者である。よって, 誤り。

② 「ポール・マッカートニーは地雷除去の取り組みに貢献してきた歌手である」
▶第3段落と一致。

③「筆者の義理の兄弟はベトナム戦争中に兵士であった」

▶第２段落第４・５文によれば，筆者の義理の兄弟はベトナム戦争中にジャーナリストとしてアジアに派遣されていた。よって，誤り。

④「人が地中に埋められた地雷に近づくと，地雷は即座に爆発する」

▶第１段落第５文参照。人が踏んだときに爆発するのであって，近づいただけでは爆発しない。よって，誤り。

⑤「筆者の義理の兄弟はサイゴンでの緊急手術後に亡くなった」

▶第２段落第15〜17文参照。緊急手術後に回復したとあるので，誤り。

⑥「その地雷の生存者はいまだに痛みに対処する必要がある」

▶The landmine survivor は筆者の義理の兄弟のこと。第2段落第18・19文と一致。

☑contribute to 〜「〜に貢献する」／☑removal「除去，撤去」／

☑approach「近づく，接近する」

問8

①「戦争のない世界」

②「地雷の脅威」

③「戦争生存者を支援する人」

④「大きなリスクを伴う仕事」

第１段落で数々の兵器の中でも最も残酷なものの１つとして地雷を取り上げ，第２段落では地雷の生存者を紹介，第３段落では地雷除去運動について述べているので，正解は②。

▼

それでは次に，段落ごとに詳しくみていこう。

第１段落 文の構造と語句のチェック

[1](If we truly want to achieve world peace), we have to get rid of weapons of war.
従接 S V O / S V O

[2] And the world is full (of weapons — guns, rockets, tanks, landmines). [3]What are
等接 S V C / C V

landmines? [4]Landmines are special bombs 〔 which are buried (in the ground)〕.
S S V C 関代 V

[5]They're designed (to explode (when a person steps on them)). [6]Landmines are
S V 従接 S V O S V

one of the cruelest weapons of war. [7]Why? [8] Because they don't discriminate
C 従接 S V

(between soldiers and civilians). [9]Their casualties include ①men and women, ②adults
S V 等接 O

and children, ③young and old. [10](Even after wars end), they can remain (for ①days,
等接 等接 従接 S V S V

②months and ③years) (waiting for innocent victims).
等接

訳 [1]もし私たちが心から世界平和を達成したいと思うなら，戦争の兵器を除去しなければならない。[2]そして世界は銃，ロケット，戦車，地雷といった兵器に満ちている。[3]地雷とは何だろうか。[4]地雷は地中に埋められる特別な爆弾である。[5]地雷は人が踏んだときに爆発するよう設計されている。[6]地雷は戦争の兵器の中で最も残酷なものの１つである。[7]なぜだろうか。[8]地雷は兵士と一般市民を区別しないからである。[9]地雷の被害者には男性も女性も，大人も子どもも，若い人も年老いた人も含まれる。[10]地雷は，戦争が終わったあとも，何日も，何カ月も，何年も，罪のない被害者を待ち構えて残っている可能性があるのだ。

語句

truly	副	本当に，心から
achieve	動	成し遂げる，達成する
peace	名	平和
get rid of ～	熟	～を取り除く，～を捨てる
weapon	名	武器，兵器
be full of ～	熟	～で満ちて，～でいっぱいで
gun	名	銃
tank	名	戦車
landmine	名	地雷
bomb	名	爆弾
bury	動	埋める
ground	名	地面，土壌
design	動	設計する
explode	動	爆発する
step on ～	熟	～を踏む，～を踏みつける
cruel	形	残酷な
discriminate between *A* and *B*	熟	AとBを区別する，AとBの違いがわかる
soldier	名	軍人，兵士
civilian	名	一般市民，民間人
casualty	名	犠牲者，被害者
include	動	含む
innocent	形	罪のない
victim	名	犠牲者，被害者

第2段落 文の構造と語句のチェック

[1]Do you know any landmine victims? [2]I do. [3]My brother-in-law is a landmine survivor. [4]He's an American journalist. [5](Back in the 1960s), he was sent (to Asia)(to report on the Vietnam War). [6](One day), he was walking (with a group of American soldiers)(through the jungle). [7]The soldiers were carrying rifles. [8]He was carrying his camera and notebook. [9](As he was walking), he suddenly stepped on a landmine 〔 buried in the ground 〕. [10]Instantly, the landmine exploded, (sending pieces of metal (up into his body)). [11]Normally, he would have died instantly. [12]But , somehow he survived the explosion. [13]The soldiers quickly called for an army helicopter. [14]The helicopter took him (to a nearby military hospital). [15](After an emergency operation), he was taken (to Saigon)(for further medical care). [16]Eventually, he was flown (back to New York), where he spent one year (in hospital). [17](Thanks to his doctors), he slowly recovered. [18]But (even now),(50 years later), he still suffers terrible pain 〔 from his injuries 〕. [19](To manage this pain), he swims (an hour each day)(in a swimming pool). [20]He's lucky (to be alive)!

訳 [1]あなたは地雷の犠牲者を誰か知っているだろうか。[2]私は知っている。[3]私の義理の兄弟が地雷の生存者である。[4]彼はアメリカ人ジャーナリストである。[5]かつて1960年代に，彼はベトナム戦争について報告するためにアジアに派遣された。[6]ある日彼はアメリカ人兵士の集団とともにジャングルを歩いていた。[7]兵士たちはライフルを携帯していた。[8]彼はカメラとノートを携帯していた。[9]歩いていると，彼は突然地中に埋められた地雷を踏んでしまった。[10]即座に地雷は爆発し，彼の体内に金属片を送り込んだ。[11]ふつうだったら彼は即死しただろう。[12]しかし，彼はどうにか爆発から生き延びたのだ。[13]兵士たちはすぐに軍のヘリコプターに来るよう求めた。[14]ヘリコプターは彼を近くの軍病院に運んだ。[15]緊急手術後，彼はさらなる治療を受けるためにサイゴンへ運ばれた。[16]最終的に，彼は飛行機でニューヨークまで連れ戻され，そこで1年間入院した。[17]医師たちのおかげで彼はゆっくりと回復した。[18]しかし，50年たった今でも，彼はまだ負傷によるひどい痛みに苦しんでいる。[19]痛みに対処するために，彼は毎日プールで1時間泳ぐ。[20]彼は生存できて幸運だ！

語句

brother-in-law 名 義理の兄弟
survivor 名 生き残った人，生存者
journalist 名 ジャーナリスト，報道記者
report 動 報告［報道］する
one day 熟 ある日
jungle 名 ジャングル，密林地帯
rifle 名 ライフル（銃）
instantly 副 即座に，すぐに
piece 名 破片，散乱物
metal 名 金属
normally 副 ふつうは，通常は
somehow 副 何とかして，どうにかして
survive 動 生き延びる，生き残る
explosion 名 爆発
quickly 副 急いで，すぐに
call for ～ 熟 ～を求める，（電話で）～に来てくれと頼む
army 名 軍隊
helicopter 名 ヘリコプター
nearby 形 近くの
military 形 軍の，軍用の
emergency 名 緊急（事態）
operation 名 手術
further 形 それ以上の，さらなる
medical 形 医学の，医療の
▶**medical care** 名 医療，治療
eventually 副 最後に，結局
fly 動 飛行機で運ぶ
＊活用：fly - flew - flown
thanks to ～ 熟 ～のおかげで
recover 動 回復する
suffer 動 （痛みなどに）苦しむ
terrible 形 ひどい，過酷な
pain 名 痛み，苦痛
injury 名 負傷，けが
manage 動 うまく対処する

第3段落 文の構造と語句のチェック

[1]Hundreds of people (S)〔around the world〕have worked (V)（to eliminate landmines）. [2]Famous celebrities (S)〔connected to this movement〕include (V)

Princess Diana of England and pop singer Paul McCartney.
O 等接

訳 [1]世界中で何百人もの人々が地雷の除去に取り組んできた。[2]この運動に関わった有名人にはイギリスのダイアナ妃やポピュラー音楽歌手のポール・マッカートニーが含まれる。

語句

hundreds of ～	熟 何百もの～	(be) connected to ～	熟 ～と関係［関連］して
eliminate	動 除去する，取り除く	**movement**	名（政治・社会的）運動
celebrity	名 著名人，有名人	pop	形 ポピュラー音楽［ポップス］の

文法事項の整理 ⑨　分詞構文

第２段落第 10 文の sending についてみてみよう

Instantly, the landmine exploded, **sending** pieces of metal up into his body.

sendingは【付帯状況】の分詞構文で「そして～する」の意味を表す。分詞構文とは分詞（現在分詞，過去分詞）が副詞の働きをすることである。分詞構文は【時】【理由】【条件】【譲歩】など，様々な意味を表すことができる。

■分詞構文の表す意味

① 【時】「～するときに」

例 **Walking** across the street, I met an old friend of mine.
「道を歩いているときに私は旧友に会った」

② 【理由】「～するので」

例 **Written** in simple English, this book is suitable for beginners.
「易しい英語で書かれているので，この本は初心者に適している」

③ 【条件】「もし～すれば」

例 **Born** in better days, he could have succeeded.
「もっといい時代に生まれていれば，彼は成功できたのだが」

④ **【譲歩】「～だけれど」**

例 **Admitting** what you say, I can't support you.

「あなたの言うことは認めるが，あなたを支持することはできない」

⑤ **【付帯状況】「～しながら」**

例 **Taking** off his hat, he entered the room.

「彼は帽子を脱ぎながら部屋に入った」

例 He entered the room, **taking** off his hat.

「彼は帽子を脱ぎながら部屋に入った」

「彼は部屋に入り，そして帽子を脱いだ」

(= He entered the room, and ...)

▶分詞構文が文の後半（S+V よりあと）に出てくる場合は【付帯状況】を表すことが多い。「～しながら，～して，～したまま，そして～する」などと訳す。

確認問題

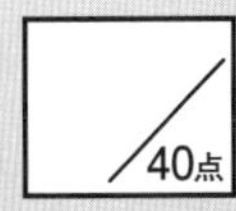

1. 次の和訳と対応する英語の語句を，頭文字を参考にして書き，空欄を完成させよう。

（各１点×20）

①	t	副	本当に，心から
②	a	動	成し遂げる，達成する
③	get r of ～	熟	～を取り除く，～を捨てる
④	w	名	武器，兵器
⑤	l	名	地雷
⑥	b	名	爆弾
⑦	b	動	埋める
⑧	e	動	爆発する
⑨	c	形	残酷な
⑩	i	形	罪のない
⑪	v	名	犠牲者，被害者
⑫	s	名	生き残った人，生存者
⑬	j	名	ジャーナリスト，報道記者
⑭	m	名	金属
⑮	s	副	何とかして，どうにかして
⑯	o	名	手術
⑰	e	副	最後に，結局
⑱	s	動	（痛みなどに）苦しむ
⑲	t	形	ひどい，過酷な
⑳	e	動	除去する，取り除く

2. 次の［　］内の語を並べ替えて，意味の通る英文を完成させよう。（各５点×２）

① If we truly want to achieve world peace, we [rid / to / get / have / of] weapons of war.

② Eventually, he was flown back to New York, [he / one / where / spent / year] in hospital.

3. 次の英文を和訳してみよう。(10 点)

Instantly, the landmine exploded, sending pieces of metal up into his body.

ディクテーションしてみよう！

29–31

今回学習した英文に出てきた単語を，音声を聞いて [ ] に書き取ろう。

29 If we truly want to ❶ a______ world peace, we have to get rid of weapons of war. And the world is full of weapons — guns, rockets, tanks, landmines. What are landmines? Landmines are special ❷ b_____ which are ❸ b_____ in the ground. They're designed to explode when a person steps on them. Landmines are one of the ❹ c________ weapons of war. Why? Because they don't discriminate between soldiers and civilians. Their casualties include men and women, adults and children, young and old. Even after wars end, they can remain for days, months and years waiting for innocent ❺ v_______.

30 Do you know any landmine victims? I do. My brother-in-law is a landmine survivor. He's an American journalist. Back in the 1960s, he was sent to Asia to report on the Vietnam War. One day, he was walking with a group of American soldiers through the jungle. The soldiers were carrying rifles. He was carrying his camera and notebook. As he was walking, he suddenly stepped on a landmine buried in the ground. Instantly, the landmine exploded, sending pieces of ❻ m_____ up into his body. Normally, he would have died instantly. But, somehow he survived the explosion. The soldiers quickly called for an army helicopter. The helicopter took him to a nearby military hospital. After an emergency operation, he

was taken to Saigon for further medical care.❼ E__________, he was flown back to New York, where he spent one year in hospital. Thanks to his doctors, he slowly recovered. But even now, 50 years later, he still suffers ❽ t________ pain from his injuries. To manage this pain, he swims an hour each day in a swimming pool. He's lucky to be alive!

31 Hundreds of people around the world have worked to ❾ e_________ landmines. Famous celebrities connected to this movement include Princess Diana of England and pop singer Paul McCartney.

確認問題の答

1. ① truly　② achieve　③ rid　④ weapon　⑤ landmine　⑥ bomb　⑦ bury　⑧ explode　⑨ cruel　⑩ innocent　⑪ victim　⑫ survivor　⑬ journalist　⑭ metal　⑮ somehow　⑯ operation　⑰ eventually　⑱ suffer　⑲ terrible　⑳ eliminate
2. ① have to get rid of （第１段落　第１文）
   ② where he spent one year （第２段落　第16文）
3. 即座に地雷は爆発し，彼の体内に金属片を送り込んだ。（第２段落　第10文）

ディクテーションしてみよう！の答

❶ achieve　❷ bombs　❸ buried　❹ cruelest　❺ victims　❻ metal　❼ Eventually　❽ terrible　❾ eliminate

8 解答・解説

問題は別冊 p.26

解答

問1 ③	問2 ①	問3 ②
問4 ②	問5 ④	問6 ②

解説

問1

①「明るい」　②「暗い」　**③「乾燥して」**　④「湿って」

第1段落は砂漠の動物が水を得る方法を説明しており，［(1)］は砂の下で雨を待つ動物についての記述。雨が降れば砂の下から出て水を得るのだから，雨がやんで地面が「乾燥」したら砂の下に戻ると考えられる。

問2

①「飲む」　②「食べる」　③「狩りをする」　④「動く，移動する」

空所後の because 以下に注目。「食べ物から水分を摂るので」とあるので，水自体を飲む必要がないと考えられる。

問3

①「大きな後ろ脚を持つ」　**②「最大３メートル跳躍する」**

③「他の動物から逃げる」　④「穴の中で眠る」

this は原則としてすぐ前(直前の文など)に書かれている内容を指す。また，下線部後の when they need to run away from other animals「他の動物から逃げる必要があるときに」と自然につながる内容にするには，②が正解とわかる。

問4

come alive は「活気づく，生き返る」の意味。よって，挿入すべき文の意味は「**しかし夜になると砂漠は突然活気づくことがある**」となる。

ここから，

1．直前の部分では「朝」または「昼」のことが書かれている

2．直後の部分で，砂漠がどのように活気づくのかを具体化する

と考える。

以上により，②**【ロ】**にこの文を入れるのが正しいとわかる。

1. については，直前の部分に In the day「日中は」とあり，日中と夜の対比となる。この場合の day は「日」ではなく朝から夕方までの「日中，昼間」の意味。「(特定の) 日」に付く前置詞は on。

2. については，直後の文に「太陽が沈むと動物たちが食べ物を探し始める」とあり，日中の静けさと夜の活気の対比となる。

問5

① 第2段落最終文や第3段落第2文より，砂漠の動物たちは視力がよいと判断できる。よって，誤り。

② 第2段落第1文と不一致。

③ この選択肢の内容はトビネズミではなくフェネックギツネについての説明である（第4段落最終文）。

④ 第2段落第2文と一致。なお，この英文の構造については，「文法事項の整理⑩〈等位接続詞〉」93 ページ参照。

問6

①「危険な状態にある動物たち」 **②「砂漠の動物たち」**

③「ラクダの生活」 ④「砂漠の天候」

第1段落第1文が How do animals live in the desert? という疑問の形をとり，以下，これに答える形で記述が続く。ラクダ，トビネズミ，フェネックギツネを例に挙げつつ砂漠の動物たちの生態を説明している。よって，②が正解。

▼

それでは次に，段落ごとに詳しくみていこう。

第1段落 文の構造と語句のチェック

[1] How(疑) do(V) animals(S) live(V) (in the desert)? [2] They(S) need(V) water,(O) (of course).

[3] Some animals(S) get(V) it(O) (from plants). [4] Others(S) wait(V) (under the sand) (for the

rains). [5](When the land is dry again), they go back (under the sand). [6]They stay there (until the next rain). [7]And some animals, (like camels), can go (for a long time) (between one drink of water and the next one).

従接 / S / V / C / S / V / S / V / 等接 / S / V / 等接

訳 [1]動物はどのように砂漠で暮らしているのだろうか。[2]動物はもちろん水を必要とする。[3]水を植物から得る動物もいる。[4]砂の下で雨を待つ動物もいる。[5]地面が再び乾燥すると，砂の下に戻る。[6]次の雨までそこにとどまる。[7]また，ラクダのように，1度水を飲んでから次に飲むまで長い間持ちこたえられる動物もいる。

語句

desert	名	砂漠
of course	熟	もちろん
plant	名	植物
wait	動	待つ
sand	名	砂
land	名	土地，地面
dry	形	乾燥して
go back	熟	戻る
stay	動	とどまる，～のままでいる
until	前	～まで
like	前	～のように
camel	名	ラクダ
go	動	(ある期間)続く，持ちこたえる
for a long time	熟	長い間，長時間
between *A* and *B*	熟	AとBの間に

第2段落 文の構造と語句のチェック

[1]Then there are the changes 〔 in temperature 〕, (from very hot to very cold).

V / S

[2](In the day), many animals stay ①(in cool places 〔 under rocks 〕) or ②(in small holes 〔 in the sand 〕). [3]But (at night) deserts can suddenly come alive. [4](When the sun goes down), the animals put their heads (above the sand) and begin to look for food.

S / V / 等接 / 等接 / S / V / C / 従接 / S / V / S / V① / O / 等接 / V② / O

訳 [1]それから，非常な暑さから寒さまで，気温の変化がある。[2]日中は，多くの動物は岩の下の涼しい場所あるいは砂の小さな穴の中にいる。[3]しかし夜になると砂漠は突然活気づくことがある。[4]太陽が沈むと，動物たちは砂の上に頭を出し，食べ物を探し始める。

語句

temperature	名	温度, 気温
day	名	日中, 昼間
cool	形	涼しい
rock	名	岩, 岩石
hole	名	穴
suddenly	副	突然
come alive	熟	活気づく, 生き返る
go down	熟	(天体が地平線に)沈む
above	前	～より上に
begin	動	始める
look for ～	熟	～を探す

第3段落 文の構造と語句のチェック

[1]The small jerboa lives (in deserts 〔 across the world 〕). [2]Jerboas have big eyes and , (like many desert animals), they can see (very well) (at night). [3](In the late evening), they come (out of their holes) and look for food — mostly ①seeds ②and plants. [4]Jerboas are very well adapted (to life 〔 in the desert 〕). [5]Some jerboas do not need to drink, (because they get water (from their food)). [6](In the hot summer), some jerboas sleep (under the sand) (for ①two or ②three months). [7]Jerboas also live (in cold deserts 〔 like the Gobi 〕). [8]Here, they sleep (in their holes) (in the winter) and stay away (from the snow).

(文の構造: [1] The small jerboa = S, lives = V / [2] Jerboas = S, have = V, big eyes = O, and = 等接, they = S, can see = V / [3] they = S, come = V, and = 等接, look for = V, food = O, and = 等接 / [4] Jerboas = S, are = V, very well adapted = C / [5] Some jerboas = S, do not need to drink = V, because = 従接, they = S, get = V, water = O / [6] some jerboas = S, sleep = V, or = 等接 / [7] Jerboas = S, live = V / [8] they = S, sleep = V①, and = 等接, stay away = V②)

訳 [1]小型のトビネズミは世界中の砂漠に生息している。[2]トビネズミには大きな目があり, 多くの砂漠の動物と同様, 夜とてもよく目が見える。[3]夕方遅くにトビネズミは穴から出てきて食べ物(主に種や植物)を探す。[4]トビネズミは砂漠の生活にとてもよく適応している。[5]食べ物から水分を摂るので水を飲む必要がないトビネズミもいる。[6]暑い夏には, 2, 3カ月砂の下で眠るトビネズミもいる。[7]トビネズミはゴビ砂漠のような寒い砂漠にも生息する。[8]ここでは, 冬に穴の中で眠り, 雪を避ける。

語句

across the world	熟	世界中の［に］
eye	名	目
mostly	副	主に，たいていは
seed	名	種，種子
be adapted to ～	熟	～に適応して
need to *do*	熟	～する必要がある
stay away from ～	熟	～から離れる，～を避ける

第4段落　文の構造と語句のチェック

[1]Jerboas (S) can move (V) (very fast) (across the sand). [2]They (S) have (V) huge back legs (O) and (等接) they (S) can jump (V) (up to three meters) (in one move). [3]They (S) do (V) this (O) (when (従接) they (S) need to run away (V) (from other animals) — fennec foxes, for example). [4](At night), these foxes (S) are also looking for (V) food (O), and (等接) a jerboa (S) is (V) just right (C) (for a hungry fennec fox). [5](Like jerboas), fennec foxes (S) are (V) well adapted (C) (to the weather〔in the desert〕). [6](With its ① very big ears and (等接) ② white coat), the fennec fox (S) can stay (V) much cooler (C) (in the hot sun).

訳 [1]トビネズミは砂の上を非常に速く移動することができる。[2]トビネズミには大きな後ろ脚があり，一跳びで最大3メートルまで跳躍できる。[3]これをするのは，たとえばフェネックギツネなど，他の動物から逃げる必要があるときである。[4]夜間，このキツネも食べ物を探しており，トビネズミは腹をすかせたフェネックギツネにとってちょうどよいのだ。[5]トビネズミと同様に，フェネックギツネも砂漠の天候によく適応している。[6]とても大きな耳と白い毛を持ったフェネックギツネは，暑い太陽の下でもずっと涼しく過ごすことができるのだ。

語句

move	動	動く，移動する　名 動き
huge	形	巨大な
back	形	後ろの
leg	名	脚
up to ～	熟	（最大）～まで
run away from ～	熟	～から逃げる
other	形	他の
for example	熟	たとえば
be just right for ～	熟	～にふさわしい，～にちょうどよい
hungry	形	空腹の
weather	名	天気，天候
coat	名	（動物の）毛

文法事項の整理 ⑩ 等位接続詞

第３段落第２文の and についてみてみよう

Jerboas have big eyes **and**, like many desert animals, they can see very well at night.

and や or などの接続詞は文法上対等なもの同士（語と語・句と句・節と節・文と文）を結ぶ。このような接続詞を“等位接続詞”と言い，他に but / so / for / nor / yet がある（※以下，例文中の点線部分が対等に結ばれている）。

(1) and「～と…；～そして…」

例 She mastered French and English.
「彼女はフランス語と英語を習得した」

例 He is a college student and his brother is a high school student.
「彼は大学生で，弟は高校生だ」

(2) or「～か…；～あるいは…」

例 Which do you like better, tea or coffee?
「紅茶とコーヒーではどちらのほうが好きですか」

例 You can go there by bike, by bus or on foot.
「そこへは自転車でもバスでも徒歩でも行ける」

(3) but「～だが…；～しかし…」

例 He is a severe but devoted teacher.
「彼は厳しいが熱心な先生だ」

例 He studied hard, but failed in the entrance exam.
「彼は一生懸命に勉強したが，入学試験に失敗した」

(4) so「～なので…，～だから…」

例 He studied hard, so he passed the entrance exam.
「彼は一生懸命に勉強した。だから入学試験に合格した」

(5) for「～，というのは［なぜなら］…だからだ」

例 He passed the entrance exam, for he had studied hard.
「彼は入学試験に合格した。というのも一生懸命に勉強したからだ」

(6) nor「…も　ない」

例 He isn't rich, nor has he ever been.
「彼は金持ちではないし，これまで金持ちだったこともない」

※nor のあとは倒置が起こり, 疑問文と同じような語順になる。

(7) yet「～にもかかわらず…」

例 She is wealthy, yet she is unhappy.
「彼女は裕福にもかかわらず, 不幸だ」

※yet の前に and が付く場合がある。意味は同じ。

等位接続詞が何と何を対等に結んでいるかを見抜くには, 以下の順に考える。

①まず, 等位接続詞の後ろの形をチェック
②次に, 前に同様の形を探す

本文で確認してみよう(数が多いので特に重要なものを取り上げる)。

■第1段落最終文

And some animals, like camels, can go for a long time between one drink of water **and** the next one.

▶ 文頭の And は, ここから始まる文全体 (some ... one) と直前の文全体 (They ... rain.) を対等に結ぶ。

▶ 文中の and は one drink of water と the next one を対等に結んでいる。なお, between は and とセットで用いることが多く, between *A* and *B* で「AとBの間に」の意味。

■第2段落第2文

In the day, many animals stay in cool places under rocks **or** in small holes in the sand.

▶ or がin cool places under rocks と in small holes in the sand を対等に結んでいる。

■第3段落第2文

Jerboas have big eyes **and**, like many desert animals, they can see very well at night.

▶ and のあとに like many desert animals が挿入されているのでわかりにくいが, これを除外して考えると, and は Jerboas have big eyes と they can see very well at night を対等に結んでいるとわかる。

■第3段落最終文

Here, they sleep in their holes in the winter **and** stay away from the snow.

▶ and が sleep in their holes in the winter と stay away from the snow を対等に結んでいる。

確認問題

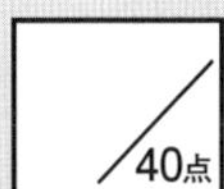

1. 次の和訳と対応する英語の語句を，頭文字を参考にして書き，空欄を完成させよう。

（各1点×20）

	英語		和訳
①	d	名	砂漠
②	of c	熟	もちろん
③	p	名	植物
④	d	形	乾燥して
⑤	c	名	ラクダ
⑥	t	名	温度，気温
⑦	h	名	穴
⑧	come a	熟	活気づく，生き返る
⑨	go d	熟	（天体が地平線に）沈む
⑩	l for ～	熟	～を探す
⑪	a the world	熟	世界中の［に］
⑫	e	名	目
⑬	m	副	主に，たいていは
⑭	s	名	種，種子
⑮	be a to ～	熟	～に適応して
⑯	stay a from ～	熟	～から離れる，～を避ける
⑰	m	動	動く，移動する　名　動き
⑱	run a from ～	熟	～から逃げる
⑲	h	形	空腹の
⑳	w	名	天気，天候

2. 次の［　］内の語を並べ替えて，意味の通る英文を完成させよう。（各5点×2）

① In the day, many animals stay in cool places under rocks [holes / in / in / or / small] the sand.

② Jerboas are very [life / to / adapted / well / in] the desert.

3. 次の英文を和訳してみよう。(10 点)

*Jerboas have big eyes and, like many desert animals, they can see very well at night.

*jerboa「トビネズミ」

ディクテーションしてみよう！

🔊 33–36

今回学習した英文に出てきた単語を，音声を聞いて［　　］に書き取ろう。

33 How do animals live in the desert? They need water, of ❶ [c＿＿＿＿＿]. Some animals get it from plants. Others wait under the sand for the rains. When the land is ❷ [d＿＿] again, they go back under the sand. They stay there until the next rain. And some animals, like camels, can go for a long time between one drink of water and the next one.

34 Then there are the changes in ❸ [t＿＿＿＿＿＿＿＿＿＿], from very hot to very cold. In the day, many animals stay in cool places under rocks or in small holes in the sand. But at night deserts can suddenly come ❹ [a＿＿＿＿]. When the sun goes down, the animals put their heads above the sand and begin to look for food.

35 The small jerboa lives in deserts across the world. Jerboas have big ❺ [e＿＿＿] and, like many desert animals, they can see very well at night. In the late evening, they come out of their holes and look for food — mostly ❻ [s＿＿＿＿] and plants. Jerboas are very well adapted to life in the desert. Some jerboas do not need to drink, because they get water from their food. In the hot summer, some jerboas sleep under the sand for two or three months. Jerboas also live in cold deserts like the Gobi. Here, they sleep in their holes in the winter and stay ❼ [a＿＿＿] from the snow.

36 Jerboas can move very fast across the sand. They have huge back legs and they can jump up to three meters in one move. They do this when they need to run ❽ a[ ] from other animals — fennec foxes, for example. At night, these foxes are also looking for food, and a jerboa is just right for a ❾ h[ ] fennec fox. Like jerboas, fennec foxes are well adapted to the ❿ w[ ] in the desert. With its very big ears and white coat, the fennec fox can stay much cooler in the hot sun.

確認問題の答

1. ① desert ② course ③ plant ④ dry ⑤ camel ⑥ temperature ⑦ hole ⑧ alive
⑨ down ⑩ look ⑪ across[around] ⑫ eye ⑬ mostly ⑭ seed ⑮ adapted
⑯ away ⑰ move ⑱ away ⑲ hungry ⑳ weather
2. ① or in small holes in （第２段落　第２文）
② well adapted to life in （第３段落　第４文）
3. トビネズミには大きな目があり，多くの砂漠の動物と同様，夜とてもよく目が見える。
（第３段落　第２文）

ディクテーションしてみよう！の答

❶ course ❷ dry ❸ temperature ❹ alive ❺ eyes ❻ seeds ❼ away ❽ away
❾ hungry ❿ weather

9 解答・解説

問題は別冊 p.30

解答

問	⑤	⑥	⑦	⑨	⑮

解説

問

① 「マクドナルドは全世界でセブン＆アイ・ホールディングスよりも多くの店舗がある」

▶第１段落第３文にセブン＆アイ・ホールディングスが世界で最も多くの店舗を持つと書かれているので，誤り。なお，worldwide は「世界中で」の意味の副詞。

② 「セブン＆アイ・ホールディングスはアメリカ人によって所有されており，日本で長い歴史を持つ」

▶第１段落第４文にセブン＆アイ・ホールディングスは日本の会社であると書かれており，第５段落第２文にもアメリカの親会社を日本の会社が買収したとあるので，誤り。

③ 「ジョン・グリーンとジョー・トンプソンはサウスランド・アイスカンパニーの経営者であった」

▶第２段落第２文によればジョン・グリーンはサウスランド・アイスカンパニーの前で店を開いた人物である。また，第２段落第３文によればジョー・トンプソンはサウスランド・アイスカンパニーの従業員であるので，誤り。

④ 「ジョン・グリーンの店はその地域に他の店がなかったため人気であった」

▶第２段落第３文に近隣の他の店より成功していたと書かれているので，地域に他の店があったことになる。よって誤り。

⑤ 「ジョン・グリーンの店は近隣の他の店より成功していた」

▶第２段落第３文に一致。

⑥ 「ジョン・グリーンは自分が売る商品を冷たく保つために氷を用いた」

▶第２段落最終文に一致。

⑦ 「ジョー・トンプソンはジョン・グリーンの店とサウスランド・アイス

カンパニーを買収した」

▶第3段落第1文に一致。なお，take over は「引き継ぐ，(会社などを) 買収する」の意味。

⑧「ジョー・トンプソンはサウスランド・アイスカンパニーという会社名を自分の新しい会社でも維持した」

▶第3段落第2文に，彼は新しい会社をサウスランド・コーポレーションと名付けたとあるので，誤り。

⑨「1928 年にジョー・トンプソンの店は事業を拡大するために名称を変えた」

▶第3段落最終文に一致。本文の to attract more customers「より多くの顧客を引き付けるために」が to increase their business「事業を拡大するために」と言い換えられている。

⑩「店の名前は何曜日に店が開いているかを説明するためにセブン-イレブンへと変更された」

▶第4段落第2文と不一致。what day(s) は「何曜日」の意味。本文によればセブン-イレブンという名前は営業時間に由来する。

⑪「セブン-イレブンの店舗はこれまでずっと昼も夜も営業してきた」

▶第4段落第2文から，セブン-イレブンの名称は午前7時から午後11時という営業時間に由来するので，24時間営業は開業当初からずっとではない。また，第5文から，24時間営業になったのは1963年以降である。

⑫「アメリカ合衆国外に最初に開店したセブン-イレブンは東京だった」

▶第4段落第6・7文によれば，国外最初のセブン-イレブンはカナダのカルガリーである。

⑬「1991 年にアメリカのセブン-イレブンの店舗は世界で最も成功しているセブン-イレブンの店舗であった」

▶第5段落第1文によれば，セブン-イレブンは1991年までにアメリカ合衆国より日本で成功していた。よって，誤り。

⑭「日本のセブン-イレブンの店舗はずっとアメリカの会社によって所有されてきた」

▶第５段落第２文で日本のセブン-イレブン運営会社がアメリカの親会社を買収したとある。よって，have always been が不適。

⑮ **「日本には今アメリカ合衆国よりも多くのセブン-イレブンの店舗がある」**

▶第５段落最終文によれば，アメリカ合衆国内のほぼ２倍の数のセブン-イレブンの店舗が日本にある。よって，正しい。

▼

それでは次に，段落ごとに詳しくみていこう。

第１段落 文の構造と語句のチェック

[1] Which(疑) stores(S) are(V) the most well-known(C) (around the world)? [2] Most people(S) would probably say(V) American stores(O) 〔 such as ①McDonald's, ②Starbucks or(等接) ③Subway 〕. [3] But(等接) the company(S) 〔 with the most stores in the world 〕 is(V) Seven & i Holdings(C), (better known as 7-Eleven). [4] This company(S) is(V) not an American company, but(等接) a Japanese one(C). [5] 7-Eleven(S) has(V) a ①long and(等接) ②interesting history(O) 〔 that(関代) began(V) (in the United States), (far from Japan) 〕.

訳 [1]どの店が世界で最も有名なのだろうか。[2]おそらくほとんどの人々は，マクドナルドやスターバックス，サブウェイのようなアメリカの店だと言うだろう。[3]しかし世界で最も多くの店舗を持つ会社はセブン＆アイ・ホールディングスであり，セブン-イレブンとしてのほうがよく知られている。[4]この会社はアメリカの会社ではなく日本の会社である。[5]セブン-イレブンは日本から遠く離れたアメリカ合衆国で始まった，長く興味深い歴史を持つ。

語句

well-known	形	有名な
around the world	熟	世界中で
probably	副	おそらく，たぶん
such as 〜	熟	（たとえば）〜のような
company	名	会社

第2段落 文の構造と語句のチェック

[1]The company began (in 1927). [2]John Green opened a small shop 〔 to sell
S V S V O

① ② ③
milk, eggs and bread 〕(in front of the Southland Ice Company in Dallas, Texas).
等接

[3]Joe Thompson, a worker at that ice company, noticed 〈 that Green's shop was
S 同格 V O 従接 S V

more successful (**than** the others nearby)〉. [4]Green used ice 〔 from the ice
C S V O

関代 which 省略 S V ① ②
company 〕(to keep the food 〔 he sold 〕 cooler and fresher (than stores 〔 that
V′ O′ 等接 C′ 関代

① ②
had no ice or refrigerators 〕)).
V 等接 O

訳 [1]その会社は1927年に創業した。[2]ジョン・グリーンはテキサス州ダラスのサウスランド・アイスカンパニーの前で牛乳，卵，パンを売る小さな店を開いた。[3]その製氷会社の従業員であったジョー・トンプソンは，グリーンの店が近隣の他の店よりも成功していることに気づいた。[4]グリーンは，自分が売る食品を氷も冷蔵庫もない店よりも冷たく新鮮に保つためにその製氷会社の氷を使った。

語句

bread	名	パン
in front of ～	熟	～の前で，～の正面で
worker	名	労働者，従業員
notice	動	気づく
successful	形	成功して
nearby	副	近くで
refrigerator	名	冷蔵庫

第3段落 文の構造と語句のチェック

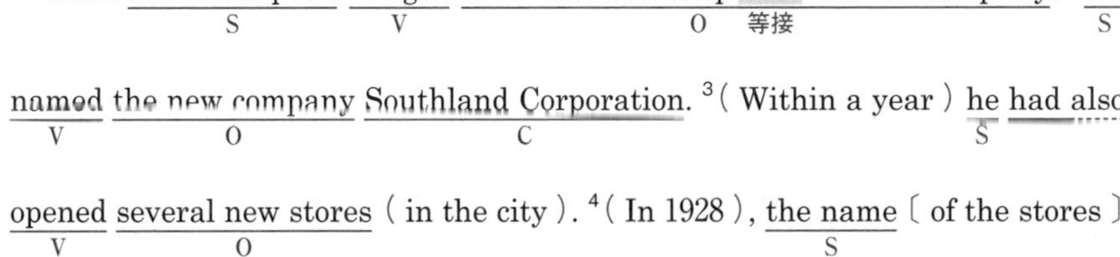

① ②
[1]Soon Joe Thompson bought John Green's shop and the ice company. [2]He
S V O 等接 S

named the new company Southland Corporation. [3](Within a year) he had also
V O C S

opened several new stores (in the city). [4](In 1928), the name 〔 of the stores 〕
V O S

was changed (to attract more customers).

訳 [1]間もなくしてジョー・トンプソンはジョン・グリーンの店と製氷会社を買収した。[2]彼はその新しい会社をサウスランド・コーポレーションと名付けた。[3]1年もたたないうちに彼は市内に新しい店舗もいくつか開業した。[4]1928年にその店の名前はより多くの顧客を引き付けるために変えられた。

語句

within	前	～以内に
attract	動	引き付ける，呼び寄せる
customer	名	（商店の）客，顧客

第4段落 文の構造と語句のチェック

[1] (In 1946) the name 〔 of the stores 〕 was changed again. [2] (This time) they chose the name 7-Eleven (because of the stores' 7 a.m. to 11 p.m. opening hours). [3]These hours were very unusual (at that time). [4]The stores were popular, and (by 1952) there were about a hundred 7-Eleven stores (in America). [5] (In 1963) 7-Eleven stores began 〈 staying open (24 hours a day) 〉. [6] (In 1969), 7-Eleven opened a store (in Calgary, Canada). [7]This was the first store 〔 outside of the U.S.A. 〕 [8] (In 1974), its first store 〔 in Asia 〕 was opened (in Tokyo), and more stores followed (in many other countries).

訳 [1]1946年に店の名前は再び変更された。[2]今度は，店が午前7時から午後11時という営業時間なので，セブン-イレブンという名称を選んだ。[3]この営業時間は当時非常に珍しかった。[4]店は人気があり，1952年までにはアメリカにセブン-イレブンが約100店舗あった。[5]1963年にセブン-イレブンの店舗は1日24時間営業し続けることを始めた。

[6]1969年に，セブン-イレブンはカナダのカルガリーに店舗を出した。[7]これがアメリカ合衆国外での最初の店舗であった。[8]1974年に，アジアでの最初の店舗が東京に開店し，他の多くの国々でさらに多数の店舗があとに続いた。

語句

this time	熟	今回は，今度は
because of ～	熟	～が原因で，～のために
opening hours	名	営業時間
unusual	形	珍しい，普通でない
at that time	熟	当時
popular	形	人気のある
outside of ～	熟	～の外で
follow	動	あとに続く

第5段落 文の構造と語句のチェック

[1](By 1991) 7-Eleven(S) was(V) **more** successful(C) (in Japan)(**than** in the United States). [2]The Japanese company(S)〔 managing 7-Eleven (in Japan) then 〕①bought(V) the American parent company(O) and(等接) later ②named(V) it(O) Seven & i Holdings(C). [3]Now there are(V) almost twice **as** many 7-Eleven stores(S) (in Japan)(**as** in the United States), but(等接) many people(S) still think(V) 〈(従接 that 省略) 7-Eleven(S) is(V) an American company(C)〉(O).

訳 [1]1991年までにセブン-イレブンはアメリカ合衆国より日本で成功していた。[2]当時日本でセブン-イレブンを運営していた日本の会社がアメリカの親会社を買収し，のちにそれをセブン＆アイ・ホールディングスと名付けた。[3]現在ではアメリカ合衆国内のほぼ2倍の数のセブン-イレブンの店舗が日本にあるが，多くの人々はいまだにセブン-イレブンはアメリカの会社だと思っている。

語句

manage	動	経営［運営］する
parent company	名	親会社
later	副	のちに
almost	副	ほとんど，ほぼ
twice	副	2倍（に）
still	副	いまだに，まだ

文法事項の整理 ⑪　名詞の同格関係

第２段落第３文の Joe ～ company, についてみてみよう

Joe Thompson, a worker at that ice company, noticed that Green's shop was more successful than the others nearby.

〈名詞Ａ, 名詞Ｂ〉のように名詞が２つ並ぶとき, それらの名詞が互いに言い換えになっている場合がある。これを「同格」と言う。和訳は「ＡというＢ」「ＡつまりＢ」「ＡであるＢ」(ＡＢは逆も可)。

例　**My friend David** is coming to see us.
「友達のデイビッドが私たちに会いに来ます」

この英文では, My friend と David が同格になっている。このように単に名詞を２つ並べるのが基本パターン。

例　**Mr. Wilson, a successful businessman,** announced that he would retire next month.
「成功している実業家であるウィルソン氏は, 来月引退すると発表した」

この英文では, Mr. Wilson と a successful businessman が同格になっている。a successful businessman が「,」で挟まれている。

ある程度同格部分が長くなると, 単に並べるだけではなく「,」を用いて挿入したり, 以下のように—(ダッシュ)を用いたりする。

例　**Mr. Wilson — a successful businessman** — announced that he would retire next month.

■第２段落第３文

Joe Thompson, a worker at that ice company, ...

▶Joe Thompson と a worker at that ice company が同格。a worker at that ice company は「,」で挟まれて挿入されている。

■第４段落第２文

This time they chose **the name 7-Eleven** because of ....

▶the name と 7-Eleven が同格。

確認問題

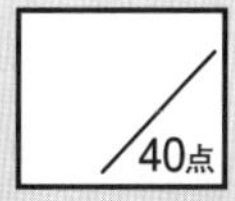

1. 次の和訳と対応する英語の語句を，頭文字を参考にして書き，空欄を完成させよう。

(各1点×20)

① w 形 有名な
② p 副 おそらく，たぶん
③ s as ～ 熟 (たとえば)～のような
④ c 名 会社
⑤ b 名 パン
⑥ w 名 労働者，従業員
⑦ n 動 気づく
⑧ n 副 近くで
⑨ r 名 冷蔵庫
⑩ w 前 ～以内に
⑪ a 動 引き付ける，呼び寄せる
⑫ c 名 (商店の)客，顧客
⑬ o hours 名 営業時間
⑭ u 形 珍しい，普通でない
⑮ at that t 熟 当時
⑯ o of ～ 熟 ～の外で
⑰ f 動 あとに続く
⑱ m 動 経営[運営]する
⑲ l 副 のちに
⑳ t 副 2倍(に)

2. 次の[ ]内の語を並べ替えて，意味の通る英文を完成させよう。(各5点×2)

① Green used ice from the ice company to [he / the / keep / sold / food] cooler and fresher.

② By 1991 7-Eleven was [than / Japan / successful / in / more] in the United States.

3. 次の英文を和訳してみよう。(10 点)

Joe Thompson, a worker at that *ice company, noticed that Green's shop was more successful than the others nearby.

*ice company「製氷会社」

ディクテーションしてみよう!

今回学習した英文に出てきた単語を，音声を聞いて [ ] に書き取ろう。

38
|
42

38 Which stores are the most well-known around the world? Most people would ❶ p________ say American stores ❷ s____ as McDonald's, Starbucks or Subway. But the company with the most stores in the world is Seven & i Holdings, better known as 7-Eleven. This company is not an American company, but a Japanese one. 7-Eleven has a long and interesting history that began in the United States, far from Japan.

39 The company began in 1927. John Green opened a small shop to sell milk, eggs and bread in front of the Southland Ice Company in Dallas, Texas. Joe Thompson, a worker at that ice company, ❸ n_______ that Green's shop was more successful than the others ❹ n______.
Green used ice from the ice company to keep the food he sold cooler and fresher than stores that had no ice or refrigerators.

40 Soon Joe Thompson bought John Green's shop and the ice company. He named the new company Southland Corporation. ❺ W______ a year he had also opened several new stores in the city. In 1928, the name of the stores was changed to attract more ❻ c_________.

41 In 1946 the name of the stores was changed again. This time they chose the name 7-Eleven because of the stores' 7 a.m. to 11 p.m. opening hours. These hours were very ❼ u_______ at that time. The stores

were popular, and by 1952 there were about a hundred 7-Eleven stores in America. In 1963 7-Eleven stores began staying open 24 hours a day. In 1969, 7-Eleven opened a store in Calgary, Canada. This was the first store ❽ o______ of the U.S.A. In 1974, its first store in Asia was opened in Tokyo, and more stores followed in many other countries.

42 By 1991 7-Eleven was more successful in Japan than in the United States. The Japanese company ❾ m________ 7-Eleven in Japan then bought the American parent company and later named it Seven & i Holdings. Now there are almost ❿ t_____ as many 7-Eleven stores in Japan as in the United States, but many people still think 7-Eleven is an American company.

確認問題の答

1. ① well-known ② probably ③ such ④ company[corporation] ⑤ bread ⑥ worker ⑦ notice ⑧ nearby ⑨ refrigerator ⑩ within ⑪ attract ⑫ customer ⑬ opening ⑭ unusual ⑮ time ⑯ outside ⑰ follow ⑱ manage ⑲ later ⑳ twice
2. ① keep the food he sold **（第２段落　第４文前半）**
   ② more successful in Japan than **（第５段落　第１文）**
3. **その製氷会社の従業員であったジョー・トンプソンは，グリーンの店が近隣の他の店よりも成功していることに気づいた。（第２段落　第３文）**

ディクテーションしてみよう！の答

❶ probably ❷ such ❸ noticed ❹ nearby ❺ Within ❻ customers ❼ unusual ❽ outside ❾ managing ❿ twice

10 解答・解説

問題は別冊 p.34

解答

問1 ③	問2 ②	問3 ②	問4 ②	問5 ④
問6 ①	問7 ④	問8 ①	問9 ①, ⑤, ⑦	

解説

問1

①「彼はすばやく皿を洗い始めた」

②「彼は洗うための皿を整理し始めた」

③「彼は皿洗いをしてキャリアを開始した」

④「彼は洗った皿を手に持って仕事に行った」

start out *doing* は「～し始める，～するところから始める」の意味。また，第２段落以降で彼がレストラン経営者として成功するまでのキャリア（経歴）を時系列で述べていることからも判断できる。

☑sort out「整理する，分類する」／☑career「キャリア，経歴」

問2

①「その上」

②「その代わりに，そうではなくて」

③「もちろん」

④「それゆえに」

instead は副詞で，instead of ～「～の代わりに，～ではなくて」の of 以下が省略された形と考えてよい。直前の文に He hoped to get a job in the airplane industry in California.「彼はカリフォルニアで飛行機産業の職を得ることを希望していた」とあるが，空所後では「結局，車を貸す会社で働くことになった」とあるので，Instead of getting a job in the airplane industry「飛行機産業で職を得る代わりに[得るのではなくて]」の of 以下が省略されたと考えればよい。

問3

①「車」

②「仕事」

③「免許（証）」

④「賃料，家賃」

空所と同じ文の前半部分に To save money on food「食費を節約するために」とあるので，この目的に対応する手段が続くはずだと考える。KFC のような飲食店で仕事をすれば食費は節約できると考えられるので，job を選ぶ。

問4

①「カジ氏の仕事仲間が仕事に来なかった」

②「カジ氏は自分の仕事だけでなく２人の同僚の仕事もやった」

③「カジ氏はいつも通りに自分の仕事をやった」

④「カジ氏の仕事仲間が，自分たちの仕事は言うまでもなく，彼（カジ氏）の仕事もやった」

下線部後に really impressed the owners of the restaurant「レストランの経営者たちに本当に好印象を与えた」とあるので，カジ氏は経営者にとって好ましいことをしたことがわかる。第５段落第１・２文に，２人の同僚が仕事に来なかった際にカジ氏が３人分の仕事をしたとあるが，この all three people とは同僚２人とカジ氏のこと。つまり，経営者に好印象だったのは，カジ氏が３人分の仕事をやったことであろう。以上により，正解は②。 colleagueはco-workerと同じ意味である点にも注意。

☑ colleague「同僚」／☑ ***A*** as well as ***B***「Ｂだけでなく A も」／

☑ as usual「いつも通り」／☑ to say nothing of ～「～は言うまでもなく」

問5

①「バトカルにある成功しているレストラン」

②「レンタカー会社の近くにある KFC レストラン」

③「経営者たちが開店しようとしている新しいレストラン」

④「赤字経営のレストラン」

下線部のレストランとは，第６段落第１文の a restaurant that was losing money「損失［赤字］を出しているレストラン」である。正解は④で，operate in the red は「赤字経営である」の意味。

☑ successful「成功した」／☑ operate「営業［運営］する」／

☑ in the red「赤字で」

問6

① **「稼いだ」**

② 「譲渡した」

③ 「再び失った」

④ 「盗んだ」

With the money he [(3)], … の部分の構造に注目する。 the money のあとに目的格の関係代名詞 which[that] が省略されている。一般に〈名詞＋S＋V ～〉の構造では名詞の直後に関係詞の省略がある（117ページ参照）。そこで，本来は空所のあとにあるはずの目的語である the money が前に移動していると考える。また，with は「～を用いて，～によって」という【道具・手段】を表す用法で，空所のあとは，he bought … と続くので金を得ていないと意味が通らない。そこで，①か④に絞られるが，直前の文で利益を得るためにそのレストランを売却したとあるので「盗んだ」のではなく**「稼いだ」**が正しい。

☑ give away「譲渡する，寄付する」

問7

① 「行動する」

② 「食べる」

③ 「行く」

④ **「止(や)める」**

直前部分の Today Mr. Kazi owns 168 restaurants「今日，カジ氏は 168 のレストランを所有している」，直後の文の He's looking for more poorly managed restaurants to buy.「彼は買い取るべき経営状態のよくないレストランをさらに探し求めている」から考えると，168 で止めるつもりはなく，さらにレストランの買収をする計画だと考えられる。なお，空所直後の there は地理的な場所ではなく，168 というレストランの数を指す。

問8

① **「１人の成功した実業家がどうやって成功したか」**

② 「KFC の店員になる方法」

③「成功した実業家になる最良の理由」

④「企業会計の目的」

本文はズバイル・カジという成功した実業家について，経営状態が悪いレストランを立て直すという方法で成功した実例を紹介している。よって①が表題に適している。

☑ (shop) assistant「店員（＝clerk）」／☑ business accounting「企業会計」

問9

①「16 歳のとき，カジ氏は小型飛行機のパイロットになった」

▶第２段落第２文と一致。

②「カジ氏は 23 歳のときに莫大な財産を持ってアメリカ合衆国に行った」

▶第３段落第１文と不一致。少額のお金しか持っていなかったので a large fortune が不適。

③「カジ氏は KFC での仕事が気に入らなかったので，仕事が遅かった」

▶第４段落最終文に，仕事が好きでなかったとの記述があるが，仕事が遅かったという記述はない。また，第５段落の内容から，むしろ仕事ぶりはよかったと判断できる。

④「カジ氏はまったく利益を上げられなかった」

▶第５・６・７段落それぞれの最終文に利益を上げたとの記述がある。

⑤「カジ氏と妻は客に不快感を与えないよう懸命に努力した」

▶第６段落第６文と一致。

⑥「カジ氏は客が待つ必要がない場合，ソーダの料金を倍額請求した」

▶そのような記述はない。

⑦「カジ氏はレストランを買い取ってそこが散らかっているとわかると楽しい」

▶第８段落第３文と一致。

☑ fortune「財産」／☑ displease「不快にさせる，怒らせる」／
☑ charge「請求する」／☑ untidy「散らかって，乱雑で」

▼

それでは次に，段落ごとに詳しくみていこう。

第1段落 文の構造と語句のチェック

[1]Have(V) you(S) ever wondered(V) 〈 why(O 疑) some people(S) are(V) successful(C) (in business) and(等接) others(S) are not(V) [successful in business 省略] 〉? [2]Here's(V) a story(S) 〔 about one successful businessperson 〕. [3]He(S) started out(V) (washing dishes) and(等接) today he(S) owns(V) 168 restaurants(O).

訳 [1]事業に成功する人もいればそうでない人もいるのはなぜなのだろうか，と疑問に思ったことはあるだろうか。[2]これはある成功した実業家の話である。[3]彼は皿洗いから始めて，今日では168のレストランを所有している。

語句

wonder	動	疑問に思う
successful	形	成功した
business	名	事業，商売
businessperson	名	実業家
start out *doing*	熟	～し始める，～するところから始める
own	動	所有する
restaurant	名	レストラン

第2段落 文の構造と語句のチェック

[1]Zubair Kazi(S) was born(V) (in Bhatkal, a small town in southwest India). [Bhatkal ＝ a small town in southwest India：同格]

[2]His dream(S) was(V) 〈 to be an airplane pilot 〉(C), and(等接) (when(従接) he(S) was(V) 16 years old(C)), he(S) learned to fly(V) a small plane(O).

訳 [1]ズバイル・カジはバトカルというインド南西部の小さな町で生まれた。[2]彼の夢は飛行機のパイロットになることであり，16歳のときに小型飛行機を操縦できるようになった。

語句

southwest	形	南西の
learn to *do*	熟	～することを学ぶ，～できるようになる
fly	動	（飛行機を）操縦する

第3段落 文の構造と語句のチェック

[1]（①At the age of 23）and（②with just a little money〔in his pocket〕), Mr. Kazi (S) moved (V)（to the United States）. [2]He (S) hoped to get (V) a job (O)〔in the airplane industry〕（in California）. [3]Instead, he (S) ended up (V)（working for a company〔that (関代) rented (V) cars (O)〕).

（and: 等接）

訳 [1]23歳のとき，ポケットにほんのわずかなお金を持って，カジ氏はアメリカ合衆国に移り住んだ。[2]彼はカリフォルニアで飛行機産業の職を得ることを希望していた。[3]その代わりに，彼は結局，車を貸す会社で働くことになった。

語句

at the age of ～	熟	～歳のときに
move	動	移る，引っ越す
airplane	名	飛行機，航空機
industry	名	産業，業界
instead	副	その代わりに，そうではなくて
end up *doing*	熟	結局～する
company	名	会社
rent	動	（有料で）貸す

第4段落 文の構造と語句のチェック

[1]（While (従接) Mr. Kazi (S) was working (V)（at the car rental company）), he (S) frequently ate (V)（at a nearby KFC restaurant）. [2]（To save money on food）, he (S) decided to get (V) a job (O)〔with KFC〕. [3]（For two months）, he (S) worked (V)（as a cook's assistant）.

[4]His job (S) was (V)〈to clean the kitchen〉(C). [5]"I (S) didn't like (V) it (O)," （Mr. Kazi (S) said (V)）(主節の挿入), "but (等接) I (S) always did (V) the best (O)〔(関代 that 省略) I (S) could (V) (do 省略)〕."

訳 [1]カジ氏がレンタカー会社で働いていたときに，彼はたびたび近くにあるKFC(ケンタッキー・フライド・チキン)のレストランで食事をした。[2]食費を節約するために，彼はKFCで職を得ようと決めた。[3]2カ月間，彼は料理人の助手として勤務した。[4]彼の仕事は調理場の掃除をすることであった。[5]「その仕事は好きではなかったが，いつもできる限りのことをした」とカジ氏は言った。

語句

rental	形	レンタル業の
frequently	副	頻繁に，たびたび
nearby	形	近くの
save	動	節約する
cook	名	料理人，コック
assistant	名	助手
clean	動	掃除する，きれいにする
kitchen	名	調理場

第5段落 文の構造と語句のチェック

[1](One day), Mr. Kazi's two co-workers failed to come (to work). [2](That day),
(Mr. Kazi's two co-workers = S, failed to come = V)

Mr. Kazi did the work 〔 of all three people 〕 (in the kitchen). [3]This really
(Mr. Kazi = S, did = V, the work = O, This = S)

impressed the owners 〔 of the restaurant 〕. [4](A few months later), the owners
(impressed = V, the owners = O, the owners = S)

needed a manager 〔 for a new restaurant 〕. [5]They gave the job (to Mr. Kazi). [6]He
(needed = V, a manager = O, They = S, gave = V, the job = O, He = S)

worked hard (as the manager) and soon the restaurant was making a profit.
(worked = V, and = 等接, the restaurant = S, was making = V, a profit = O)

訳 [1]ある日，カジ氏の仕事仲間2人が仕事に来なかった。[2]その日，カジ氏は調理場で3人分の仕事をした。[3]このことがレストランの経営者たちに本当に好印象を与えた。[4]数カ月後，経営者たちは新店舗の責任者が必要になった。[5]彼らはその仕事をカジ氏に与えた。[6]彼は店長として熱心に働き，すぐにそのレストランは利益を出すようになっていた。

語句

one day	熟	ある日
co-worker	名	仕事仲間，同僚
fail to *do*	熟	～しない，～できない
impress	動	よい印象を与える，感銘を与える
manager	名	責任者，店長
profit	名	利益，収益
▶ **make a profit**	熟	利益を出す，儲かる

第6段落 文の構造と語句のチェック

[1](A few years later), Mr. Kazi heard (about a restaurant 〔 that was losing money 〕). [2]The restaurant was dirty inside and the food was terrible — greasy and undercooked. [3]Mr. Kazi borrowed money (from a bank) and bought the restaurant. [4](For the first six months), Mr. Kazi worked (in the restaurant) (from 8 a.m. to 10 p.m.),(seven days a week). [5]He and his wife cleaned up the restaurant, remodeled the front of the building, and improved the cooking. [6]They also tried hard to please the customers. [7](If someone had to wait (more than ten minutes)(for their food)), Mrs. Kazi gave them a free soda. [8](Before long) the restaurant was making a profit.

訳 [1]数年後，カジ氏は損失を出しているレストランのことを聞きつけた。[2]そのレストランは店内が汚く，食べ物もひどかった―脂っこく，加熱が不十分だったのだ。[3]カジ氏は銀行から金を借りてそのレストランを買い取った。[4]最初の6カ月間，カジ氏はそのレストランで毎日午前8時から午後10時まで働いた。[5]彼と彼の妻は，レストランを清掃し，建物の入り口部分を改装し，料理を改善した。[6]彼らはまた，客を満足させようと懸命に努力した。[7]誰かが食べ物ができあがるのを10分以上待たなければならない場合，カジ夫人は無料でソーダを出した。[8]まもなくそのレストランは利益を出すようになっていた。

語句

dirty 形 汚い
inside 副 内側［内部］で
terrible 形 ひどい，とても悪い
borrow 動 借りる
clean up 熟 きれいに清掃する
remodel 動 改装する，リフォームする
front 名 正面，入口
improve 動 改善［改良］する
cooking 名 料理

please	動	喜ばせる，満足させる	soda	名	ソーダ(水)，炭酸水，炭酸飲料
customer	名	(店の)客，顧客	**before long**	熟	まもなく，やがて
free	形	無料の			

第7段落 文の構造と語句のチェック

[1](A year later) Mr. Kazi(S) sold(V) his restaurant(O) (for a profit). [2](With the money 〔(関代 which 省略) he(S) earned(V) 〕), he(S) bought(V) three more restaurants(O) 〔 that(関代) were losing(V) money(O) 〕.

[3]Again, he(S) cleaned them up(V①, them = O), improved(V②) the food(O), and(等接) retrained(V③) the employees(O).

[4](Before long) these restaurants(S) were making(V) a profit(O), too.

訳 [1]1年後にカジ氏は利益を得るためにそのレストランを売却した。[2]稼いだお金で，彼は損失を出しているレストランをさらに3つ買い取った。[3]再び，彼はレストランを清掃し，料理を改善し，従業員の教育をやり直した。[4]まもなくこれらのレストランも利益を上げるようになっていた。

語句

earn	動	稼ぐ	retrain	動	再訓練[再教育]する
			employee	名	従業員

第8段落 文の構造と語句のチェック

[1]Today Mr. Kazi(S) owns(V) 168 restaurants(O), but(等接) he(S) isn't planning to stop(V) there.

[2]He(S)'s looking for(V) more poorly managed restaurants(O) 〔 to buy 〕. [3]"I(S) love(V) it(O) (when(従接) I(S) go(V) (to buy a restaurant) and(等接) find(V) 〈(従接 that 省略) it(S)'s(V) a mess(C) 〉)," (Mr. Kazi(S) said(V).(主節の挿入))

[4]"The only way(S) 〔(関副 that 省略) it(S) can go(V) 〕 is(V) up(C)."

訳 [1]今日，カジ氏は168のレストランを所有しているが，そこでとどまる計画はない。[2]彼は買い取るべき経営状態のよくないレストランをさらに探し求めている。[3]「私はレストランを買い取りに行って，そこがめちゃくちゃだとわかるのが楽しいのだ」とカジ氏は言った。[4]「進む方向は上しかありえないからだ」。

語句

poorly 副 下手に，まずく
manage 動 経営［運営］する
mess 名 散らかっている状態，とんでもない状態

文法事項の整理 ⑫ 関係代名詞の省略

第７段落第２文の the money he earned についてみてみよう

With the money **(which)** he earned, he bought three more restaurants that were losing money.

この文では the money のあとに目的格の関係代名詞 which［that］ が省略されている。**the money（ 名詞 ）＋ he（ S ）＋ earned（ V ）の語順と他動詞 earn のあとに目的語が欠けている**点に注目。

■目的格の関係代名詞（ whom, which, that ）は省略されることがある

▶省略を見抜くコツ：〈名詞＋S＋V〉の形は，名詞のあとに関係代名詞が省略されている場合が多い。

例 The man I met yesterday is John.
（The man＝名詞，I＝S，met＝V）

「私が昨日会った男性はジョンです」

▶ The man〔（ whom ）I met yesterday 〕is John.

確認問題

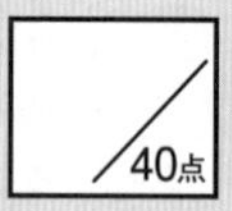

1. 次の和訳と対応する英語の語句を，頭文字を参考にして書き，空欄を完成させよう。

（各1点×20）

①	s	形	成功した
②	o	動	所有する
③	r	名	レストラン
④	i	名	産業，業界
⑤	i	副	その代わりに，そうではなくて
⑥	r	動	（有料で）貸す
⑦	f	副	頻繁に，たびたび
⑧	a	名	助手
⑨	f　to *do*	熟	～しない，～できない
⑩	i	動	よい印象を与える，感銘を与える
⑪	m	名	責任者，店長
⑫	d	形	汚い
⑬	i	副	内側［内部］で
⑭	b	動	借りる
⑮	p	動	喜ばせる，満足させる
⑯	f	形	無料の
⑰	before　l	熟	まもなく，やがて
⑱	e	動	稼ぐ
⑲	e	名	従業員
⑳	m	名	散らかっている状態，とんでもない状態

2. 次の［　］内の語を並べ替えて，意味の通る英文を完成させよう。なお，文頭にくるべき語も小文字で示している。（各5点×2）

① One day, Mr. Kazi's two co-workers [to / to / come / failed / work] .

② [money / he / the / earned / with] , he bought three more restaurants that were losing money.

3. 次の英文を和訳してみよう。(10 点)

Have you ever wondered why some people are successful in business and others are not?

ディクテーションしてみよう！

今回学習した英文に出てきた単語を，音声を聞いて [ ] に書き取ろう。

44 Have you ever wondered why some people are ❶ s________ in business and others are not? Here's a story about one successful businessperson. He started out washing dishes and today he ❷ o____ 168 restaurants.

45 Zubair Kazi was born in Bhatkal, a small town in southwest India. His dream was to be an airplane pilot, and when he was 16 years old, he learned to fly a small plane.

46 At the age of 23 and with just a little money in his pocket, Mr. Kazi moved to the United States. He hoped to get a job in the airplane ❸ i________ in California. Instead, he ended up working for a company that rented cars.

47 While Mr. Kazi was working at the car rental company, he ❹ f__________ ate at a nearby KFC restaurant. To save money on food, he decided to get a job with KFC. For two months, he worked as a cook's assistant. His job was to clean the kitchen. "I didn't like it," Mr. Kazi said, "but I always did the best I could."

48 One day, Mr. Kazi's two co-workers failed to come to work. That day, Mr. Kazi did the work of all three people in the kitchen. This really impressed the owners of the restaurant. A few months later, the owners needed a ❺ m_______ for a new restaurant. They gave the job to

Mr. Kazi. He worked hard as the manager and soon the restaurant was making a profit.

49 A few years later, Mr. Kazi heard about a restaurant that was losing money. The restaurant was ❻ d____ inside and the food was terrible — greasy and undercooked. Mr. Kazi ❼ b________ money from a bank and bought the restaurant. For the first six months, Mr. Kazi worked in the restaurant from 8 a.m. to 10 p.m., seven days a week. He and his wife cleaned up the restaurant, remodeled the front of the building, and improved the cooking. They also tried hard to please the customers. If someone had to wait more than ten minutes for their food, Mrs. Kazi gave them a free soda. Before ❽ l____ the restaurant was making a profit.

50 A year later Mr. Kazi sold his restaurant for a profit. With the money he ❾ e______ , he bought three more restaurants that were losing money. Again, he cleaned them up, improved the food, and retrained the ❿ e_________ . Before long these restaurants were making a profit, too.

51 Today Mr. Kazi owns 168 restaurants, but he isn't planning to stop there. He's looking for more poorly managed restaurants to buy. "I love it when I go to buy a restaurant and find it's a ⓫ m____ ," Mr. Kazi said. "The only way it can go is up."

確認問題の答

1. ① successful ② own ③ restaurant ④ industry ⑤ instead ⑥ rent ⑦ frequently ⑧ assistant ⑨ fail ⑩ impress ⑪ manager ⑫ dirty ⑬ inside ⑭ borrow ⑮ please ⑯ free ⑰ long ⑱ earn ⑲ employee ⑳ mess
2. ① failed to come to work （第５段落　第１文）
   ② With the money he earned （第７段落　第２文）
3. 事業に成功する人もいればそうでない人もいるのはなぜなのだろうか，と疑問に思ったことはあるだろうか。（第１段落　第１文）

ディクテーションしてみよう！の答

❶ successful ❷ owns ❸ industry ❹ frequently ❺ manager ❻ dirty ❼ borrowed ❽ long ❾ earned ❿ employees ⓫ mess